周蓓 主編

專題史叢書

伍純武 著

河南人民出版社

法國社會經濟史

本書敘述了法國自古代高盧到1936年的社會經濟發展變遷，由此觀察法國社會經濟發展的動向

圖書在版編目(CIP)數據

法國社會經濟史 / 伍純武著. —鄭州 : 河南人民出版社, 2017. 3(2017.7 重印)
(專題史叢書 / 周蓓主編)
ISBN978－7－215－10854－7

Ⅰ. ①法… Ⅱ. ①伍… Ⅲ. ①經濟史－法國 Ⅳ. ①F156.59

中國版本圖書館 CIP 數據核字(2017)第 048925 號

河南人民出版社出版發行
(地址：鄭州市經五路 66 號 郵政編碼：450002 電話：65788063)
新華書店經銷 河南新華印刷集團有限公司印刷
開本 710 毫米×1000 毫米 1/16 印張 22.25
字數 170 千字
2017 年 3 月第 1 版 2017 年 7 月第 2 次印刷

定價：145.00 圓

出版前言

中國現代學術體系是在晚清西學東漸的大潮中逐步形成的。至民國初建，中央政治權威進一步分散和削弱，加之新文化運動帶給國人思想上的空前解放，新學的啓蒙，新知識分子的産生，民國學術如草長鶯飛，進入一個自由而蓬勃的時代。中國傳統學科乃中國學術之根基與菁華所在，民國學人采用「取今復古，别立新宗」之方法，引入西方的學術觀念，積極改造，使史學、文學等學科向現代學術方向轉型。此外，大力推介西方社會科學的新學科和自然科學，在學習、借鑒乃至移植西方現代學術話語和研究範式的過程中，逐漸建立中國現代學科，使中國的學科門類迅速擴展。一時間，新舊更迭，中西交流，百花齊放，萬壑争流，開創了中國現代學術的源頭。

伴隨知識轉型和研究範式轉換而來的，還有學術著作撰寫方式的創新。中國古代的著作向來以單篇流傳，經後人整理匯編後，方以成册成集的面目出現并持續傳播。直到十九世紀末，東西方的歷史編撰體裁不外乎多卷本的編年體、紀傳體和紀事本末體等，章節體的出現標志着近代西方學術規範的産生和新史學的興起。章節體具有依時間順序，按章節編排；因事立題，分篇綜論；既分門别類，又綜合通貫的特點。以章、節搭建起論述之框架，結構分明，邏輯清晰，較傳統的撰寫體裁容量大、系統性强。它的傳入，使中國現代學術體系從内容到形式被納入了全球化的軌道。民國時期專題史的研究、譯介、編纂、出版恰恰是在這樣的背景下欣欣而發，是學術的實驗場，也是歷史的記録儀。編選「民國專題史」叢書的初衷正是爲了從一個側面展示中國學術從傳統向現代過渡的歷史進程。

專題史是對一個學科歷史的總結，是學科入門的必備和學科研究的基礎，也是對一個時代艱深新鋭問題的解答，是學術研究的高點。民國專題史著作中，既包含通論某一學科全部或一時代（區域、國别）的變化過程的，又囊括對一時代或一問題作特殊研究的，還有少部分是對某一專題的史料進行收集的。原創與翻譯并重，翻譯的底本大多選擇該學科的代表著作或歐美大學普及教本，兼顧權威性和流行性，其中日本學者的論著占據了相當比重。日本與中國同屬東亞儒家文化圈，他們在接納西方學術思想和研究模式時，已作了某種消化與調適，從思維轉換的角度看，更便于中國借鑒和利用，他們的著作因而被時人廣泛引進。

與當代學術研究日趨專業化、專門化、專家化的『窄化』道路迥乎不同的是，中國傳統學術崇尚『學問主通不主專，貴通人不尚專家』的通識型治學門徑，處于過渡轉型期的民國學術在不同程度上保留了這種特徵。民國學術大師諸學科貫通一脉，上千年縱横捭闔之功力自不待冗言，外交家著倫理政治史，文學家著哲學史，化學家著戰争史等亦不乏其人，民國專題史研究呈現出開放、融通、跨界撰述的特點。與此同時必須看到，自晚清以來，中國的命運就在外侮屢犯，内亂頻仍的窘境中跌宕彷徨，民族存亡仿若命懸一綫。這股以創建學科、總結經驗、解決問題爲指歸的專題史出版風潮背後，包裹着民國學人企望以西學爲工具拯民族于衰微的探索精神，及以學術救亡的愛國之心。梁任公曾言：『史學者，學問之最博大而最切要者也，國民之明鏡也，愛國心之源泉也。』這種位卑未敢忘憂國的歷史使命感和國民意識是今人無法漠視和遺忘的。

『民國專題史』叢書收録的範圍包括現代各個學科，不僅限于人文社會科學，學科分類以《民國總書目》的分科爲標準，計有哲學、宗教、社會、政治、法律、軍事、經濟、文化、藝術、教育、語言文字、中國文學、外國文學、中國歷史、西方史、自然科學、醫學、工業、交通共19個學科門類。本叢書分輯整理出版，内不分科，單本發行，方便讀者按需索驥。既可作爲大專院校圖書館、學術研究機構館藏之必備資源，也可滿足個人研讀或興趣之收藏。

與目前市場已有的一些專題史叢書相比，『民國專題史』叢書具有規模大、學科全、選本精、原版影印的特點。本叢書選目首重作者的首創、權威和著作影響力，尤其注重選本的稀見性。所謂稀見，即建國後没有再版，且多數圖書館没有收藏，或即便有收藏，也是歸于非公開的珍本之列予以保存，普通讀者難以借閲。部分圖書雖有電子版，但作爲學術研究的經典原著讀本，紙質版本更利于記憶和研究之用。本叢書精揀版本最早、品相最佳的原版圖書作爲底本，因而還具有很高的版本收藏價值。

『民國專題史』的著作是民國學者對于那個時代諸問題之探究，往往有獨到之處，無論其資料、觀點短長得失如何，要之在中國現代學術史的構建與發展進程中，自有其開宗立論之地位。

序言

人類社會之演進，由於各時代生產方法的改良。生產方法一經改良，隨卽影響到生產組織及生產關係的遷變；換言之，卽社會經濟構造的改變。社會經濟構造一經改變，社會中一切上層建築如政治、法律、道德、宗教、藝術、科學等，便都隨着或急或緩地變動起來。所以社會演進之基本的原因，爲其經濟基礎的改變。

社會演進之基本原因既爲其經濟基礎的改變，故欲徹底地了解人類社會的發展過程，先必須認識人類社會之經濟發達史。同樣地，如其我們要對於法國社會有所探討，我們也就必須先來研究法國社會經濟發達的歷史了。

在這本法國社會經濟史書中，一共分爲九章；牠自古代高盧之社會經濟說起，直至一九三六年法國社會經濟之描述爲止。

在法國大革命以前的法國社會經濟之發展，我們在本書的前三章裏面作了一個扼要的敍述。自第四章至第九章，則爲對於大革命以後法國社會經濟之比較詳細一點的分析。

我們所研究的範圍，一方面爲法國各時代之各部門生產業（如農業、礦業、工業、商業、運輸業、金融業等）之發展狀況及其進步原因；同時我們還深切地去注意到法國各時代之各種生產事業中之勞動者的工資狀態，物價變遷，以及一般人民之生活實況。

對於各時代之各部門生產業的研究，不必說是一般的經濟史著作中所必須有的工作；而我們在本書中同時又着重於工資和物價的分析者，蓋因勞動者人數不論在那一個社會中，總是佔着大多數的，如其研究社會經濟而不去注意及社會中大多數人民的生活實況，是不能算作徹底的研究的；爲了這個理由，所以我們除對於法國各時代之各部門生產業去努力認識外，並又試從工資及物價的分析中去觀察法國社會經濟的動向。

此外，在對於各時代之社會經濟發展的敍述上，比較地我們少用抽象的言辭去形容，但多尋可靠的統計材料來作實證的研究。譬如關於法國某一時代之工業或農業的發展狀況，我們不單說牠是如何的發達，同時還運用了發達的統計數字來證明牠。所以，在本書中，凡是可靠的及可能獲得的統計數字，我們便儘量地利用了。

不過，編者之編著此書，一方面因爲限期短促及溻地缺少足供參考的法文書籍，同時又因在授課期間從事編述，不能得充裕的時間以作專注的研究，所以書中如有忽略或錯誤的地方，編者是很誠懇地在希望着高明的指教的。

一九三六年十二月七日·伍純武

目録

法國社會經濟史

第一章　古代高盧之社會經濟

現在法蘭西的地方，古時叫做高盧（Gaule）。住在高盧的人，雖然分成許多的小種族，但是統稱之爲高盧人。高盧人在紀元六百年前的社會經濟生活，以史料缺乏，不可詳稽了。可是高盧的地理環境（卽地質、氣候、海洋、山川、植物等等），對於當地人民的社會經濟生活，必有極大的影響。據希臘地理學家斯德格朋（Strabon 63? B.C.-21 A.D.）說：「高盧之可注意，是因爲水道和兩邊海洋佈置得均勻……全境爲許多河流所灌注，或來自阿爾卑斯山，或來自塞凡納山（Cévennes），或來自庇利尼山（Pyrénées），或流入大西洋，或流入地中海。牠們所穿過的大都是平原，或是些不很險峻的地方；故對航行非常方便。大自然把牠佈置得如此妥帖，所以從此海到彼海的商品，差不多全從河道走；若在陸路，也只是簡捷易走的平原……」（註一）同時；高盧土地，幾全處於溫帶之中，且沃土甚多；最適於農業，故如現代法國經濟史學者塞翁利（Henri Sée）所說，高盧的地理已「替法國預定下一個經濟上的好命運」（註二）

當紀元前六百年之後，在羅馬人征伐高盧（紀元前五八至四〇年）以前，先後有腓尼基人、希臘人及福塞（Phocée）人在高盧之地中海沿岸設立了商店；同時福塞人並建設了馬賽（Marseilles）。隨金屬之使用和商業之發達，沿河流的地方也就建立起大的市鎮和村落；如像現今之拿包納城（Narbonne）、聖拿善爾港（St.-Nazaire）等地方，便成爲當時之重要商場。且當時之織布業已經發生，採礦方法也有進步。鐵之生產頗普遍，除以製造武器外，且以之製造器具、農具、船舶及車輪之附屬品等。青銅在當時極爲貴重；錫、銀、金等礦物亦已發現；燒金也能製造玻璃亦已出世；但陶器和建築則進步較少。（註三）可是船舶的建造卻非常有進步。所以當時的威尼斯人（Venètes）有船，和英國通商，而塞茵河（Seine）也開始變成交通的孔道。至於當時高盧人的經商情形爲若何，則據畢孔諾（Henri Pigconneau）稱：（註四）「高盧在未被羅馬征服以前，其商業應和今日的蘇丹(Soudan)及中央亞細亞的商業彷彿幾個大城，是聖地而兼要塞的，如納曼瑣(Nemansus即今尼姆斯 Nîmes)、多洛沙(Tolosa 即今吐魯斯 Toulouse)、加必農(Cabillonum 即今松尼河上的夏隆 Chalon-sur-Saône)、亞來西(Alesia)、亞法里根(Avaricum 即今布吉斯 Bourges)、日拿朋(Genabum 即今之奧來昂 Orléans)，舉行市集其日期大約爲宗教的節日所規定。還有許多小市鎮，鄉民於某幾個一定的日子在那兒聚集起來，交換貨物，取得外國的商品，特別是酒，那是未開化人所最貪戀的。高盧或馬賽的商人結隊周遊，其商品由氏族長所保護，而氏族長則要他們付許多錢。」這便是高盧人做生意的情狀。但是畢孔諾氏所說的商人須付氏族長以許多的錢，這些錢或貨幣又是從什麼地方來的呢？貨幣之出現，蓋來自小亞細亞、希臘、意大利等地；最初使用於馬賽及高盧之地中海沿岸地方，其後方始流入內地。紀元前四世紀中葉，希臘的銀幣與金貨從多瑙(Danube)河方面流入；而紀元前三世紀時，高盧人便自己開始鑄幣，各族之族長均有鑄幣權。於是，因各種各類之貨幣存在的結果，兌換店的專門業便爾發生；逐漸地銀行的雛形也就開始形成了。

及至紀元前一二世紀時，高盧的生產技術及交換經濟均有相當進步，於是發生了勞力的掠奪或勞力的榨取關係；換言之，古代的奴隸制社會，卽由是而成立。所以，在高盧當時，奴隸已成爲重要的動產，農業勞動大部由奴隸擔任；富裕的高盧人常有擁有一千以上之奴隸者。據此情形觀察，當時私有財產已經存在；不過這私有財產是家族的而非個人的，因爲當時高盧之社會組織是以家族爲基礎的。

後來，在紀元前五八年，羅馬的凱撒(Jules César 100—44 B. C.)領兵侵略高盧；這件事，對於高盧的經濟，引起了深刻的變化。蓋當羅馬征服高盧後，她首先所要考慮的，是安甯的保證；但是，被征服的民族，卻不免仍有反叛行動之發生，同時，羅馬又不能常以大軍久駐高盧；所以，對於軍隊移動之速率，遂有增加的必要。因此，在高盧地方的道路網，便作有系統地堅固的建築起來了。於是，道路佈滿全境，交通異常迅速。河道亦常應用。故在羅馬治下之高盧，其經濟文化確已頗爲發達，可以和當時羅馬相比擬。當羅馬帝國時代，高盧便已成爲富庶之區，輸出有麥、木材及葡萄酒等；蓋著名的葡萄園，已遍佈於倫尼河(Rhone)流域了。此外，高盧的家畜也漸漸著稱，工業方面亦有進步；

冶金業固爲其所擅長，卽棉麻毛等織物亦爲高盧人之著名產品。

在羅馬化了的高盧都市，如在羅馬的其牠城市一般地有商人工匠行會的組織，這也是當時經濟生活上的一個特點。「這些行會定期開會，還有會董，但行會之組織，初不爲政府所優容；及至三世紀中葉後，方漸受優待。這是因爲要在行會會員身上徵收特別捐的緣故。商人與工匠，差不多固定在他們的境地上，世襲似的，有點像奴隸；但另一方面，則行會會員可免服軍務，免納關稅，還免去城市的其牠重負。所以行會彷彿是個官廳的組織，公家的團體，在城內頗占重要的位置。」（註五）

雖然，在高盧的社會經濟上，工商業及城市尚只佔次要的地位，而首要的實業，卻仍爲農業。當時土地，大都在有力的土地貴族手裏，耕作卻由奴隸來做。農業奴隸各自負擔專門的工作，同時又須製造全體的衣服和器具。此時，小地主因不堪租稅和其牠負擔的壓迫，次第崩壞，以致大地主之土地所有，日益擴大。同時，奴隸由於解放，由於在土地上住定了之後，他們的地位便漸次提高；而自由的租種人，因耕作上的種種困難，遂增進了對於所有者的從屬程度。結果，大私有地漸佔優勢，而封建制度的基礎於是形成。

至於高盧在被羅馬征服後的對外貿易，當以對意大利的輸出入爲最繁盛。此外對西班牙、日耳曼、不列顛等地方，也有交易。奴隸的買賣也很盛行。於是發生了大商業的組織。大中心地批發商的代表甚至於遠赴東隣各國，直接買賣貨物；因之船舶租借業甚爲發達，常有許多出租船隻的準備。

同時，爲羅馬征服後的高盧，是被羅馬當作一州來看待的。所以高盧應向羅馬繳納直接稅和間接稅。當時之「直接稅，主要的是依地租而徵收其收入之三分之一至二分之一，其稅率每十五年更新一次。沒有土地財產的人，則納人頭稅。至間接稅的主要者，是像古代高盧一樣的關稅，這單是因財政上的理由而徵收的，爲了補助的費用而設置的入市稅，後來大部分也被中央政府收去。此外在間接稅中，尚有銷場、解放金、奴隸售賣、財產繼承等之二十分之一的稅等等。徵收租稅的官職及方法，則依直接稅間接稅而不同。到四世紀時，因羅馬財政上的理由，高盧的租稅制度也有非常的變革。特別是地租、人頭稅等，爲了增加租稅額而有更改。對於都市的庶民，上流階級，尤其是十人組頭和長者等，都有各不相同的課稅。現物完納不用說是通行於各階級間的。有相當權力的人往往得以免稅，其結果遂成爲不顧擔稅能力的課稅，制度的弊害故很大。這樣，不堪負擔的人數便一天天地增多，羅馬國家不得不接連數年免除某一整個地方的納稅。這種負擔過重，減弱了高盧的抵抗力；這也是蠻族所以容易侵入的原因。」（註六）

最後，凱撒征服高盧後，羅馬人便已追隨到了高盧而經營有組織的營業。如高利貸的經營在羅馬本屬禁止的，到高盧來卻很活動。於是信用借貸發生，而借貸所，與抵押業等也就創立起來。

以上所述，卽爲紀元前六百年至四世紀末年西羅馬帝國滅亡時之高盧社會經濟的概況。

（註一）斯德拉朋集第四卷第一章第二及第十四節。轉引自塞翁利（Henri Sée）之 Esquisse d'une histoire économique et sociale de la France 一書。

（註二）見塞翁利前揭書一頁。

（註三）見日本平貞藏着（郭成信譯）法國經濟史三頁。

（註四）見 Henri Pigeonneau 之商業史二〇及二一頁。

（註五）見塞翁利前揭書第一卷第一篇第四章。

（註六）見平貞藏前揭書八—九頁。

第二章　封建時期之法國社會經濟

——自五世紀至十五世紀——

(一)野蠻民族之侵陵

野蠻民族之侵入，促使西羅馬帝國的滅亡；西羅馬帝國的滅亡，在高盧的社會經濟史上發生了重大的影響。

這些蠻族或日耳曼人，在起初並不算是敵人，他們由萊茵河早和羅馬有接觸，並且和高盧也早有交易。不過後來他們愈來愈多，竟至作集團的移住而至於定住。羅馬帝王無力拒絕他們的移入，遂改變政策和蠻族結盟，將他們招來充當兵士。

不過，等到西峨特（Wisigoths）、布根底（Burgundes）及法蘭克（Franks）等民族更大規模的集團移住後，便引起數世紀間的內部戰爭，致高盧的社會經濟受到前此未有的破壞。

根據敵對關係而行的習慣，新侵入者，如西峨特人與布根底人，便佔有原住者所有土地三分之二和奴隸之三分之一。可是，法蘭克人卻沒有和高盧人分有土地的痕跡，大概是因爲他們拿到屬於國庫的財產後便認爲滿足之故。

六世紀初年，高盧即已爲法蘭克人所統一，而開始了墨洛溫（Mérovingien）及加洛林（Carolingien）朝代。牠們共歷五世紀之久。當時之社會經濟有着很大的變革。

新侵入者之生產技術，較之羅馬統治時代之高盧人之生產技術爲幼稚，除了戰爭及狩獵外，似乎沒有其牠爲彼等所重視的事情。當時之都市既以軍事的任務位置第一位，故都市人口大爲減少，蓋恐遭掠奪和屠殺之故也。所以，當時一般人民，多舍棄集團生活而避入於大地主的莊園，或遁隱於森林而營着原始式的生活。結果，都市內部不得不配置耕作地以確保生存資料，一種自足的及封鎖的經濟社會於是乎形成。

同時，因戰爭之頻仍，社會不得安甯，社會中一般弱者，便須將自己所有之一部貢獻之於強者而求得其保護。有時保護者以負擔耕作的條件，寬大地將土地讓與被保護者耕種，有時被保護者爲了避免當時對於獨立所有者的各種危險，又情願將其所有土地讓之於強有力的保護者。故封建制度的木質條件，在當時早已存在。

此外，當蠻族侵入戰亂不絕的期中，教會在人民之保護及戰爭慘害之減少方面，曾盡了很大的努力；所以，在每個教會的周圍，便集聚了一團求保護的人民。當七世紀的末葉，高盧土地之三分之一便成爲教會所有。同時，人民爲求教會之保護，遂又將自己財產的一部分贈給教會；於是教會不僅在社會的精神方面有着很大勢力，卽在物質方面也俱有極大的力量。

此時，在工業方面，自從蠻族侵入高盧後，卻很是衰敗了。其衰敗原因有二：一是因爲戰爭使工業生產陷於困難或不可能；一是除必需品外，對於其他的工業製造品的需要減少。所以工業不能發達。不過，宗教上的當事者，曾使種種手段使工業不致絕滅而有進步。如像他們提高一向爲人所賤視的手藝工人的地位，規定修道士之手藝義務，使各人照舊保有原來的各種職業等，便是他們想保存手工業的努力。結果，在八世紀以後，僧院內外的手工勞動異常發達，而當時經濟活動的主要重心便已移於教會。

再就商業方面來說，當時的交通運輸雖受種種的困難，但高盧對其鄰國之交易，卻依然充分地存在。她和東鄰各國結成商業關係，輸入了種種的嗜好品。同時，她和英吉利、日耳曼、西班牙、郎巴底（Lombardie）等國也有商業往來，隊商時常來往於這些交通路上。不過，當時的商業不是和平性質的而是有着冒險性類於遠征似的。「所以在馬賽和巴黎，商人爲了應付交易上的危險，便結合許多商人團體。因有這樣的冒險性質，當時的人遂又把商業的大部分委諸拜占廷（Bysantine）人和猶太人之手。他們則利用基督教對於利息借貸所加之宗教的禁止，實行獨佔了銀行業和擔保借貸。」（註一）

至關於財政之租稅制度，亦因戰爭狀態之繼續與權力之不安定而無從確立。只不過在墨洛溫朝末期間接稅的種類比之以前增多；不過因爲國庫的支出並不很大，所以稅率也不這樣的高。

七六八年時查理大帝（Charlemagne）即位。在這個歷史上有名的人物的統治下，有些學者認爲當時的社會經濟各方面都有了改進，有了發展。可是，這些都是一般史學家們的想像，實際情形是不然的。最簡單的理由是，當時的社會仍然很不安定，故經營於不安定之社會環境中的各種生產事業，是不會得到發展的。如像在塞翁利書上所說的那樣，關於工業方面的復興，並無證據可以證明：如礦產的有何增加，原料製造的有何進步，冶金業有何發展，紡織業及貴重的日用物品之輸出有何擴大等等，都沒有充分的證據。至在商業方面，查理大帝也沒有什麽商業政策；他雖然對於商人曾加以保護，但這大都是外國的商人。查理大帝的計劃，只是要拒退阿剌伯海盜，抵抗希臘人侵掠威尼斯（Vénétie）及達馬爾西（Dalmatie）。他並沒有與近東通商的意思，也沒有如通常的史家所說的要拿亞爾摩爾河（Altmühl）來貫通黑海與北海。所以實際上當時西歐之工商業的進步是極有限的。（註二）

查理大帝死後，統一的實際已被破壞；君主所代表的公權力解體，而大土地所有者之重要性和獨立性增加。公、伯、司教等各爲所有地內的支配者，設立領地或莊園，不顧統一而各獲得其自治權。同時，爲防止諾曼人（Norman）的侵入及內部的戰爭，遂使人口集中於「莊宅」（Villa），並建築城堡以保安甯，故當加洛林朝末期，（註三）法國社會經濟顯然爲農村經濟。因領地軍事上的必需而略有變形的莊宅，便成爲經濟單位。存在之土地財產，不過是大所有地，小所有地則完全消滅。「工業生產只是由領地爲領地而進行的，所以這種農村經濟就是封鎖經濟。生產者和消費者是在一塊的，各人爲了領主和周圍的人而工作。在戰爭不絕發生的地方，一莊園和他莊園之生產品的相交換，乃是很困難的。」（註四）

以上所述，爲蠻族侵入以後直至十世紀末年之時法國社會經濟的概況。

（二）封建制度的社會經濟

封建制度本來不是從十世紀後纔發生，牠在蠻族侵入西歐後已經準備好了成立的條件。自十世紀至十四世紀之間，封建制度便走到了牠的全盛時代。此時之封建社會的結構，大致如下：即是社會上一切構成員都是臣下，他們乃屬於他們的首長（小領主）而有納貢的義務。領主在戰爭時須保護他們，在窮困時須利用貯蓄物援救他們；而其代價則用力役或租稅的形式以奪取他們的剩餘勞動。同時小領主又是大領主的臣下，一面受其保護，同時則當納貢，並於大領主下令召集之時，須率領部下同往應命。這個大領主，又是更強有力的領主的臣下，最後則有最高的領主稱爲國王。不過，當十世紀以來，法國之王權在理論上雖仍然存在，但在實際上卻已難於行使，所以當時之國王與大諸侯差不多有點相混了。

爲封建社會主要的及支配的實業，就是農業；故田園勞動爲封建社會衣食住的主要泉源。這一點，與古代社會本是相同的。但是，古代社會是以奴隸勞動爲社會勞動的重心，而封建社會則以農奴勞動來代替。奴隸與農奴的性質是不相同的。（註五）

奴隸與農奴之最顯著的不同點，卽在奴隸由其所有者看來，是一個非人格的生產手段，他的存在與牛馬無異，他完全是所有者的一分財產。因之，奴隸勞動的結果，全屬於所有者，奴隸自身所需的食糧，完全由所有者支配。同時，奴隸所有者又可以自由處分奴隸，猶之他自己使用他的家畜和器具一樣。至於農奴，則與此不同。農奴不是非人格的，他不是領主所有的物件。他不過在一定期間，在爲領主所直屬的土地上負勞動的義務，至於其牠的時日，他是可以爲自己而耕作的。所以奴隸和農奴二者雖然都屬於被榨取的階級，但所受的榨取程度則有差異。

農奴爲古代自由農民或不自由農民之後裔，由地主安插於地產上，所以他們的階級是一生下來便被決定了的；農奴的兒子還是農奴，要超出自己所屬的階級極爲困難。不過，在混亂時期，有時自由人也自願地去做農奴。有的投靠於大領主，有的投靠於教堂，人稱之爲「獻身者。」

中世勞動者除農奴之外，還有稱爲賤奴的，他們的地位較農奴更近於奴隸的地位。賤奴多被使用於家計上而非使用之於生產上。

農奴與賤奴的生活狀態，各地不同。但只要能盡某種義務，便可佔有土地。不過，所盡的義務是有輕重的。

在封建社會中，自由農民也並不是完全沒有。不過，在那樣不安定的社會中，弱小的自由農民，幾無獨立生存的可能。同時，領主又設一切政策，如種種苛稅，來要一般自由農民負擔。

封建時代的大土地所有者，除大小領主之外，還有教會。

「僧侶是那從古相傳的蓄積的社會經驗之保存者。這種經驗被認爲那些奉如神明的祖宗之戒律或啓示，以宗教的形式遺傳下來，故僧侶就被看爲神靈的代表者，聯繫神與人的連鎖。」（註六）

同時，在農業上最需要的天文曆學等知識，及其牠一切知識所有者，在封建時代，便只有僧侶；所以教會在當時社會中佔據着很高的地位。此外，教會的勢力，還有被擴大的其牠理由。蓋「封建社會，全體是自足制度，教會的收入，主要的就是農產物……單是僧侶，是消費不盡這大量的生產物的。並且交換也不很發達，所以只能出賣一小部分，教會最喜廣為施舍的原因，卽在於此。在技術的發達程度很低的中世歐洲，屢屢有饑饉前來光顧；故於饑饉的時候，僧院每發起救濟事業，而保護貧民和有殘疾的人。他們因為當時社會中的不斷的戰爭，所以在社會內作這種救濟的次數是很多的。總之這些事件，不外都是增大僧侶勢力的原因。」（註七）

於是，因對信徒們頻為佈施，故許多小農民都情願納土地勞役而投順；同時，一般領主們在許多事件上又不得不利用僧侶的知識與其精神上的勢力，遂以報酬的性質而給與種種的特權和土地。由是，寺院亦逐漸變為大土地的所有者了。

封建時期之主要實業為農業，已如上述，但當時與農業相並存的商業及手工業，也有和古代社會不同的地方。

古代社會中之商業活動，多着重於對外貿易。但封建社會的商業，不是向外發展而是向內發展的。基於宗教及政治的理由，發生了定期市集以及中世都市。古代都市之商業既以對外貿易爲主，故多近海岸。中世都市既以對內交換爲主，故不一定要近海岸，凡交通便利及經濟中心地，便都建設了都市。這些都市，起初受國王甚至受大領主之統制，但隨後貨幣經濟發達，都市勢力增大，便形成了獨立自治體。

現將構成中世封建社會的各階級以圖表示出來（見下頁）。（註八）

以上係將封建社會之階級組織加以說明。

及至十二世紀時，農民解放運動發生；十三世紀以來，此種運動更形擴大。解放運動之發生，由於都市經濟之發達和自由，吸引着農村人口向都市中去，於是封建領主對於勞力比以前重視，農民於是乎崛起而要求解放。至在領主方面，他們之肯於解放農奴者，並不爲人道或慈悲，乃想從解放的農奴方面得些贖身的現錢。爲了自從十二世紀以來，一般領主們的生活漸漸趨於奢侈，他們要現錢去購買由東方來的精美物品；他們又時常遠征，參與十字軍的戰爭；他們領域內的封建政

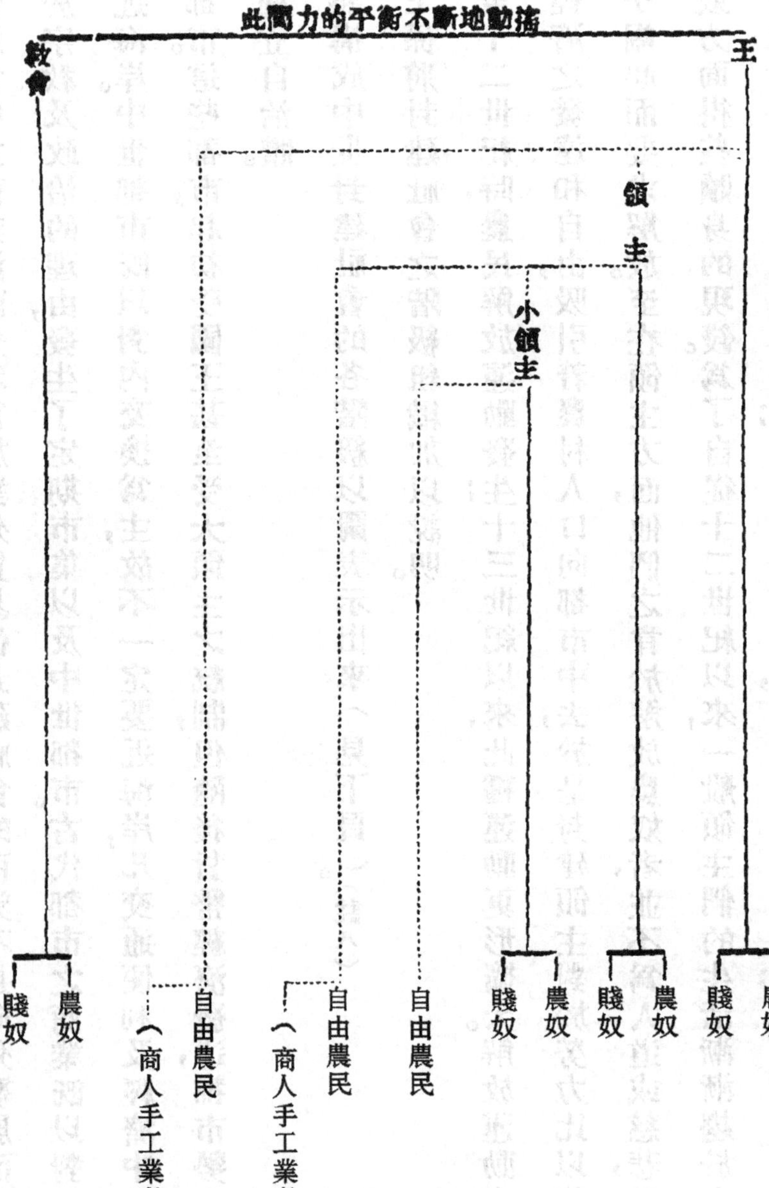
此間力的平衡不斷地動搖
王
教會
領主
小領主
農奴
賤奴
農奴
賤奴
農奴
賤奴
自由農民
自由農民
（商人手工業者）
自由農民
（商人手工業者）
農奴
賤奴

務也逐漸發展而複雜起來，所以他們需要許多的費用；於是在解放農奴的時候，他們就要農奴拿出一筆錢來或者每年付穀物若干，或現錢若干；這種贖身的款子，常常是數目很大，如果是成批解放的話，便須付款至一千里佛爾（Livre 法國古幣名）以上。（註九）（但解放的範圍並不如何地大，普通是只免除幾種以前所負的負擔，並非將一切負擔都完全免除了的。）

由此解放之結果，十三世紀時逐發生了對於自己所耕作的土地有完全所有權的小耕作者，和所謂佃戶的新階級。於是佃種及半佃種的新經營形態發生；由短工和婢僕等所構成的農業工錢勞動階級也就出現。往後，城市中新興資產階級以商業上的利益來購買土地，結果形成了小土地的所有階級。此階級在社會上的地位，又隨封建制度的頹廢而增加重要。十四及十五世紀時，土地之三分之一已屬於他們所有，只有國王與教會等倘能維持其大土地所有者的性質。這是封建時期土地所有權變遷之經過。

現在再來考察一下封建時期的農民生活。

當時的農民生活，可以從當時之農耕狀況上去認識。因爲看他們在耕種什麼東西，及在用什麼方法耕種，便可以想像他們的物質生活如何。

據塞翁利的考證，當時卽使在較進步的各省內，如諾曼底(Normandie)，農具還是很幼稚的。而且犂的使用須在大塊土地上大約須六十哀克(Acre)，約和三十公頃(hectaire)。有時農民連合起來共用一犂，但他們大多數只依恃自己的兩臂，只用鋤鏟，直到舊制末年。(註十)

他們所種的植物種類也比今日爲少，有小麥、雀麥、大麥及喬麥等穀物。小麥的產量甚少，三角麥至十五世紀方纔出現。油菜還不知道種植，沒有甜蘿蔔，也沒有馬鈴薯，後者是新大陸發現後，纔輸入法國的。染料植物如大靑草及茜草倒種有一些。中古末年諾曼底人民固然對於果樹已知愛護，已有許多梨樹及蘋果樹，而李樹及櫻桃樹也不少；然而我們須知那個地方較法國別處進步得多。(註十一)

專種草料的人還沒有，不過有許多荒地與森林可以養活家畜：在農村經濟中牛類和羊類的地位很重要，而豬類更重要，因爲醃豬肉爲社會各階級所需要的原故。(註十二)

但是家畜雖多，人們不知利用肥料，所以土地不久便變瘦了。於是休田法的耕種很普遍，普通是三年相間的方法，第一年種秋麥，第二年種春麥，第三年便完全停止耕種以養地力。有時用交替的方法；有些地方用雀麥與蕎麥相間隔着種。若田很瘦，則三年中只種一年。（註十三）由此可知當時田地上的出產是很薄弱的。

出產薄弱的原因還有兩種，第一是交通阻塞，交易不發達，農產物的運銷困難，農業的耕種不能分工。第二是種田的人沒有現錢，即在諾曼底富庶之區，鄉間也缺少錢幣。農民若要錢幣，則須到放債人處，或到教會裏去借貸。借貸須出利息，所以農民非到不得已時不去告借。於是流動資金缺乏，農耕各方面的設備也就因簡就陋了。

至於當時農民之消費狀態，在許多故事詩中所表現出來的大致如下：

農民所住的房子，當然很不舒服；普通只是些很粗陋的小屋，屋料是交叉的木條，空處填以柴草；屋頂以柴莖爲主，除非有幾處用石版或木板。普通只有一層平房，或者有個擱樓。有錢的農民纔有火爐，平常人家生火即在草屋中間。只有門裏可引進些日光。這便是當時農民之住的環境。

「器具也很簡單看一看故事詩自由民的器具便知端的：家具有竈、爐、墊、鍋、杓、炙肉鐵條、鐵鈎、風箱、小磨、小鍋、大鎚、浴桶、木器有灶檯、飯桌、碗櫃、床、麵包匣；工具有斧、剪、錐、鑿、墨線、畫叉、鈎具等。再從一個財產的清單上，知道下諾曼底一個小康的農民的家具，與此略近。他有四個爐子、兩個金屬的鍋、四個麪包匣、兩個首飾箱、兩個床墊、三個桌子、一個床架、一個鐵鏟、一個炙肉鐵條、一個燈籠、八個床單、一個桌布、一個飯巾。在地窖內，那農民有兩個木桶、兩個酒桶、兩個烟管、兩個量器。其牠器具方面有一輛包鐵的車、一輛小車、一個包鐵的犂、兩個耙、一個大鐮刀、兩個小鐮刀、三個馬頭圈、一個斗。最富的農民全家只有一個床，窮的便睡在草上。家裏常見的器具是飯桌、麵包匣及碗櫃。」（註十四）

至於農民衣服，亦甚簡單。有布製的短衣，有穿在短衣外面直垂至小腿的外衣，有及於足脛的褲子，有有帶子的皮鞋，及頭上有高領的風帽。女人衣服亦與此相近。直至十四世紀，襯衫還算是奢侈品。後因織布進步，女人纔穿了襯衣。

在食物方面也是粗糙而簡單的。吃的是雀麥麪包和麥粉湯——差不多從沒有白麵包——生菜、鷄蛋、醃魚、奶餅、醃肉等，但卻無鮮肉或家禽。「南部及東部的人喝葡萄酒，北部及西部的人喝啤酒及蘋果酒。但平常都喝水。主人若叫佃戶服徭役，便須供給飯食。所供給的飯食是，諾曼底當一三一三年左右，每人有麵包、豆湯、三個蛋及四分之一的乳餅，或六個蛋；封齋時，有三條鯊魚及幾個核桃。但是須知諾曼底的農民生活是比其牠地方要優待些的。」（註十五）

據以上所引述的材料看來，可是封建時期法國農民生活是很苦的。這大概不單是在中古時期的法國如此，即在一切社會中，凡是被支配階級的生活，總也是和這相似的。

現在我們再來看一看封建時期的都市之經濟狀況。

都市之成立，由於許多人之因軍事或其牠理由而相集一地，因而有生產交換之中心的必要，於是更有許多人從農村中集合起來而形成都市。在法國，新都市比較的多在十二世紀時，王室因政治上和財政上的理由而建立都市，因都市建立後，一方面可使人民脫離宗教的或領主的支配，同時還可以向都市徵收稅金以增國庫收入。故當路易七世（Louis VII）及腓力·奧古斯特（Philippe Auguste）時代，這種都市的建立很多，而且這個傾向一直繼續到十三、十四世紀。等到都市建立之後，於是專業成立，製造發生，和農村交換的事也開始，商人之存在也漸成爲必要了。

（註十六）

都市經濟發達之後都市人民便逐漸從封建束縛中解放出來。蓋封建制度成立之基礎，爲人民之要求保護，及土地所有權之優勢二者。可是自從都市成立之後，用城堡來保護人民之安甯比較領主對於其隸屬之保護更爲穩固；同時土地之所有在農村中固然是一件重要的事情，但是在都市中對於土地之重視卻沒有在農村中那麼利害。所以，當都市發達之後，成爲封建組織之基本條件，已漸損其重要性。故都市人民之得到解放，爲經濟發達之必然的結果。

隨都市之解放，有許多權利便給與了都市人民。同時，中流階級（卽以後的資產階級）以工商業之進展，遂佔據了都市中的特權地位。他們這一階級雖不帶貴族的稱號，但他們的地位確在一般無產階級之上。十三世紀以後，此一階級所蓄積起來的財富隨都市經濟的發達而日益增大。

講到都市中的勞動組織，當時是立足於同行組合的制度上的。至中世同行組合制度之基礎則爲：第一是要廢止封建社會中一切妨害個人解放及阻礙個人活動的鎖鍊；第二是要調節各封鎖市場的生產物。

同行組合之內部組織，在法國的也和在其他國家的同樣。如像站在組合中之最高地位的組合首領或會董，是由選舉或任命而產生。在他下面，有師父(Maitre)職工(Valet或Compagnon)徒弟(Apprenti)，構成三個階段。

手工業者要想做師父，須先當學徒。依照嚴格的學徒契約，師父對學徒必須傳授技藝，且供給衣食及住宿。會規規定學徒年限至少須六年，但亦有延至十一年者。但在實際上，師父對於學徒並不盡指導之責，且以學徒爲僕役而使用，並常處以體罰。同時，師父對學徒人數之限制極嚴，蓋以避免師父間之競爭也。

較學徒高一級的爲職工，職工是有薪水的。但是職工不能獨自工作，他們只能爲師父而工作。除薪水外，師父並供以食宿。當時的職工要做師父也不難，只要經過會董的嚴格之考試後，便可以獨立經營生產。

起初，爲了調節生產和消費的行會組織，師父及徒弟間的關係尚稱圓洽。但自十四世紀之後，組合的內部漸變爲有限制，及有特權的發生，於是師徒間的感情惡化，職工與師父形成對立代表都市無產階級之職工聯合會也在師父的組織之對面成立起來了。

中世末年之商業，亦隨市場的成立而漸漸發達。同時宗教上之各種活動，及國王對於交通事業之注意，對於商業之發展亦有很多的助力。考宗教活動之有助商業之發達者有三點：「一是長期間內旅行的十字軍。爲準備遠征，以船舶業者和商人之活動爲必要，軍事運輸組織亦使用於經濟的目的。加以東西的接觸，又刺激人民的商業活動。二是巡禮（進香）。在宗教全盛的中世，巡禮和十字軍有同樣的作用。巡禮是沿了最安全良好的道路向各方參拜的。在各個禮拜地，往往開設市場，商人亦常追隨於巡禮之後。三是教會主持教育。當十三世紀時，巴黎是教育的中心，同時她就成爲國際的都市。從英吉利、日耳曼、意大利或北歐的許多學生來集於此。法蘭西人也留學於他國，其結果更增進了商業的關係。」（註十七）同時，當時國王爲欲統一國境，集中權力，故特別注意於發展交通。道路、橋樑有着很好的修繕，國內水道亦復加以開濬；且廢除許多的封建稅。查理五世（Charles V）且專心開拓海路。這些都是對於商業之發展上有極大的幫助的事業。

此外，商業信用本爲商業活動上有力的刺戟；但在封鎖經濟時代，因着亞里士多德（Aristote）

學說和寺院法的影響，有利息的借貸是受禁止的。可是，在實業發達後，經濟界感覺需要資金的流動，而同時國王因國庫缺乏，也不得不依賴於富裕的私人。於是，在被禁止之利息借貸上也就有了相當的變通。而猶太人及郎巴底人便得有機會活動起來。

「猶太人從很早就在地中海方面活動；但自九世紀以來他們備受虐待；到十二世紀時，棄了里昂（Lyon）而轉赴南方。他們在那裏大受歡迎，就是歸化權也獲得了；至在法國國內的其他地方，則仍不免受迫害，自十四世紀以來尤甚。然而他們的功績，誰都不能不加以承認的。」至於郎巴底人也因從事於銀行交易和兌換事業而寄住於地中海沿岸。他們所經營的信用事業，是從希臘人地方學來的。在中世時期，郎巴底人不僅住於法國南部，而且也住到里昂等地方。「他們不以銀行業為滿足，又組織公司從事批發、經紀等種種事業。他們從事保險，抵押借貸，代辦運輸，鑄造貨幣等事；且指揮政治的軍事的事業，甚至起草商法及匯兌規則。他們和都市領主及國王有種種關係，獲得許多權利，並受免稅的待遇。但到了後來，他們也和猶太人一樣的受壓迫了。從十三世紀末葉到十四世紀初頭的時期，他們所受迫害最重。他們很艱苦的渡過這個時期，後又重新開始他們的和，事業因機巧、敏捷和事業的多式多樣，他們遂在法蘭西社會樹立基礎；和法蘭西人相結納相混並對里昂和南部各大都市的大衆施以金融上的教育。」(註十八)

同時教會雖以禁止利息借貸爲教義，但實際上從很早起，教會也就講究殖利的方法了。如僧院所施行的不動產擔保和地租收買等事，便有着殖利的性質。(註十九)以後隨社會的推移，教會對於利息借貸的態度也逐漸改變了。

商業信用發達之後，商業當然也就益形活躍。十四世紀時香檳(Champagne)各大市，便成爲各國商人定期集合交易的市場。各國各大都市在這種大市中都有特別的會場、街路、店鋪、宿舍、領事等等，各爲其同鄉商人盡力。每次集市進行交易，常繼續至六星期之久。十四世紀之後，許多的批發商來往於各大市間採購種種貨物，他們並互相團結成立組合。

百年戰爭(起於一三三七年)對於法國商業當然有很大的影響。牠的影響是：香檳的各大市衰落了；地中海與佛蘭德(Flandre)之間的陸上交通中絕了；但大西洋的海上交通漸顯其重要性，故海上商業的通路次第確立了。於是西班牙及葡萄牙人到大西洋沿海一帶來設立商館，大為活躍。此時之不魯日（Bruges）開始興盛；博都（Bordeaux）也呈現了活氣。

以上述封建時期之法國的商業狀況。

最後關於財政方面，當王權衰微領主權發達之時，國王的收入很少；但隨都市經濟之發達，商業區域之推廣，國王權力增大之時，國庫收入的範圍也就增加了。在租稅制度尚未確立之前，各種的課稅是應各個不同的情形而舉行的。如年賦金，十分之一稅，百分之一稅，五十分之一稅，以至戶口賦課金等，都是各時所徵的主要稅。在查理七世（Charles VII）時，戶口賦課金稱人頭稅。人頭稅又分為依所得而徵收的對人的人頭稅及依平民的財產而徵收的對物的人頭稅（行於法國南部地方）兩種。但此等直接稅的徵收，因設定時的不平等及國王之忽視盟約，而陷於十分困難，屢遭強烈的反對。十四世紀時竟惹起了重大的叛亂。不過，直接稅在國庫中所佔的數額很大，十五世紀末葉，其數額達於四百五十萬法郎以上。

至於間接稅亦有種種不同的形式。主要者為御用金，為鹽稅，為關稅。御用金為課於商品販賣上之稅，曾因各方之反對而中止，但不久又行恢復，至十四世紀中葉後遂有恆久性質。「稅率依商品之種類而不同，因爲牠的徵收是取承包制度，極慘酷之至。鹽稅是在鹽實行獨佔之時設立的，起初既不是一般的，也不是恆久的。但自十四世紀以後，也確立了，不過隨地方之不同而略有差異。鹽稅最引起人民的怨恨，所以成爲苛稅的象徵。關稅普通稱爲交易稅，最初是存在於各地方間的國內關稅，不過是前代的殘遺物。本來的關稅有輸出稅的形式。某種物品禁止輸出，則完納一種稱爲Passage 的稅金便可免禁。沒有完納御用金的地方則以外國看待，須受與他國相同的課稅。當時關稅的意義，第一在國庫的收入而不是什麼保護。」（註二十）

同時，原於領主權之通行稅與市場稅依然存在。前者後雖消滅，但後者則變爲王稅而存續。此等課稅本質爲不平等；蓋有財有勢者常得幸免王權在沒有力量向貴族等特權階級徵稅前，便常加重平民階級的負擔。

以上所述，即爲中世末期之法國財政狀況。

（註一）見平貞藏前揭書一六頁。

（註二）參閱塞翁利前揭書第一卷第二篇第二章。

（註三）加洛林朝包括七五二至九八七年。
（註四）見平貞藏前揭書一九頁。
（註五）參閱山川均著（熊德山譯）資本主義以前經濟史一〇〇頁。
（註六）見以格逢諾夫著（施復亮譯）經濟科學大綱七八頁。
（註七）同上。
（註八）見山川均前揭書一〇七頁。
（註九）見塞翁利前揭書第二卷第三篇第二章。
（註十）參閱勒維（André Réville）的中古（十三、四世紀）的農民，見一八九六年份之國際社會學雜志。
（註十一）參閱布勒白（Ch. de Robillard de Beaurepaire）的上諾曼底中古末年鄉村的史料。
（註十二）參閱塞翁利前揭書第二卷第六篇第二章。
（註十三）同上。
（註十四）見同上書第二卷第六篇第三章。
（註十五）同上。
（註十六）參閱平貞藏前揭書二五—二八頁。
（註十七）同上書三一頁。

（註十八）同上書三二頁。

（註十九）參閱同上書三三頁。

（註二十）同上書三七—三八頁。

第三章　先資本主義時期之法國社會經濟

——自十六世紀至大革命前夕——

從十六世紀起，在歐洲稱爲文藝復興時期。此時，法蘭西處於非常優越的地位；她的經濟有很大的進步。至其經濟繁榮的原因，一方面是基於小麥、葡萄酒等農產物，和鐵、木材、鹽等原料產物之豐富；一方面乃由於百年戰爭後自一四六〇至一五六〇年一百年間，法國得享受了太平。且王權日固，建立了統一與秩序，故可使人民得安居樂業。於是，人民都有奢侈與享樂的需要：中古堅固而嚴肅的房子，換成華美的愉快的門戶洞開的府第；除各地宮殿之外，城內也建築了許多爲貴族富翁們所居住的華麗的房子。同時，中古笨重的傢具，也換成精緻細巧及刻花的傢具了。玻璃器與磁器亦已使用。而衣服的奢侈，則普遍於各階級。如像史家哈頓（Claude Haton）所說的那樣，「各級的人都有種驕傲的心，不管在市內抑在鄉下，服飾均無規則，所以老年人非常的不高興。……市內的市民，男男女女都照貴族樣子穿衣服，貴族則豪奢如諸侯，而鄉下人則模仿市民。」（註一）可具，這種奢侈的欲望，一方面助長了國外貿易，同時又刺激了新的實業。所以里昂便成了絲織業與琺琥玔業的中心；奧來昂亦成爲絲綢的產地；此外天鵝絨的製造及金絲錦的製造成爲國內實業；而玻璃器與毛織物在國外亦負盛名。當時國王又常關心於國民教育，故特獎勵印刷事業；如十六世紀時，巴黎就有八百個印刷所、書店及裝釘所；並產生了如愛斯提尼(Henri Estienne)那樣有名的印刷出版業者。

十五世紀末葉及十六世紀初期的海外發現，(註二)不用說給予法國經濟發展以深切的影響；不過法蘭西對於殖民帝國的建設卻沒有成功。

美洲發現後金銀之採掘，使歐洲各國在短時期中添增許多的貴金屬。自一五二〇至一六二〇年的一個世紀中，所產生的銀子量幾乎較以前所有的銀子增加五倍。(註三)於是由於貴金屬充溢的結果，物價卽行增高，有些物品的價格竟漲至四倍以上。這對於地主，利息生活者及勞動者是不利的；但對於生產糧食的農民及商人則爲有利。對於資本制的生產也有助力。

但是，物價之飛漲，引起社會中的不安及各種損失，所以法國的王室要設法來救濟了。但王室並未見到病源，或不願承認眞的病源，只以爲是生產不足，輸出及消費太過，以及由於別人的壟斷。因此，王室的救濟方法，都是遲緩而無濟於事。例如對商品及薪水則抽捐，對非法的利益及合夥的壟斷則徵罰；下令提倡節儉，反對奢侈；對國產之輸出則增稅；更重要的是創辦社倉，規定市集。可是同時王室常因財政困難而加重捐稅，結果促使物價更貴。(註四)

貴金屬的充溢，促使銀錢業更大的發展。不過在法國當時的金融事業，沒有如意大利荷蘭等國進步得那麼快罷了。從路易十一（Louis XI）以來，里昂市集便很熱鬧，有重要的金融市場，實行匯劃過戶的辦法。同時里昂的商品交易所也已存在。除里昂有法國人自己創辦的銀行外，在巴黎和魯昂（Rouen）也有。不過，創設銀行的商人及財政官吏，並不將牠當一件正業，而是以經營副業相看待的。

除銀錢業外，十六世紀時法國商業頗有進步。不過，國內的商業環境卻還不很順利，因爲道路設備得很壞。一五五三年愛斯田（Robert Estienne）所作的法國道路指南告訴我們說，奧來昂的路只有從奧來昂到塞高德（Cercottes）的兩里路是舖砌的。在路易十二（Louis XII）、法郎悉第一(François Ier)及亨利第二(Henri II)時，王室曾下令改良道路，託四個財政官管理道路與橋梁。但這似乎無甚效果，所以運輸方面並不比十五世紀更快更方便。那時也沒有正規的爲旅行或爲商品而設的交通機關；除非是在有大學的城內因爲大學本身常設特別的輸送人員。(註九)

可是，當時法國國內的水道情形，比較差強人意。這當然是因爲法國的水流平穩的原故。但是，當時在這方面也還有許多的阻礙，便是沿河所設的磨坊、堤壩、漁場等等。王室固曾下令廢除磨坊與堤壩，改訂交通稅以利交通。但未得多大成功。

雖然，十六世紀時法國之交通運輸路線縱不完備，但國內各地間的商業卻頗活躍。里昂、吐魯斯、博都等地方之間，常有貿易往來；而在此等城市中，早有富商所組織的協會。在巴黎更有六個很有勢力的團體，他們是：呢布商、香料商、雜貨商、皮貨商、金銀器商及兌換商等團體。

至關於國外貿易方面，中古時與意大利的通商此時卻衰落了。但和西班牙的往來，則不斷的增多。尤其是在一五五八年加道岡勃來西(Cateau-Cambrésis)和約以後，西班牙需要法國的農產物及手工品，法國則換取西班牙人自海外運來的香料和金銀。同時，與瑞士及德國的商業也有進步；與佛蘭德及荷蘭者也很重要，因爲這兩處是歐洲的經濟中心；盎凡爾(Anvers)及阿姆斯特丹(Amsterdam)都是當時的世界的大商場。此外，與英國的交易也很熱鬧；法國有很多的農產物向英輸出。至一五四一年十一月二十日與丹麥國王克里斯忝第三(Christian III)訂立通商條約；一五四二年七月十日又和瑞典的格斯達甫瓦沙(Gustave Wasa)訂約。

在另一方面，十六世紀已有帶着重商主義政策之性質的各種法令由王室所頒布。此種法令雖爲當時大部分人們所主張，但牠對於商業的發達是不無阻礙的。如在一五三九年就曾經下令禁止輸入西班牙等地的毛織品以及佛蘭德的羊毛布。「一五四〇年七月十八日下令重新組織里昂稅局；金銀呢布與外國絲織品只在某幾處可通過法國，且須運到里昂。對於銷於法國的商品，徵收百分之五的稅；對於只通過法境的商品，徵收百分之二。後來在一五六四年，查理第九(Charles IX)迫令一切從意大利來的商品，都到里昂稅局。到一五八五年則對於近東來的商品也如此。一五四〇年下令禁止香料的輸入，除非是從出產國或葡萄牙、意大利或近東來的。一五七二年下令禁止未經准許而擅自輸出的原料（羊毛、麻及牠，）又禁止輸入外國的呢、布、絨、絹及氈子。一五七七年巴黎特稅也使麥、酒、布、羊毛及原料的輸出受損。一五八一年特比拉格(De Birague)增加許多商品的輸入稅，尤其是手工品的。」（註六）從這種種地方看來，高爾貝(Colbert)的重商主義政策，實在他本人以前就已經存在了。

在勞動方面，小工業在城內照常盛行，其組織與十五世紀無甚差別。城市技藝工人之組織有的是行會制，但多數是自由獨立的。（註七）不過有四種技藝總不是自由的，因為牠們需要特別擔保之故：那就是藥業，外科醫業，金銀器業及鐵器業。麪包業與屠宰業亦然，因為牠們出賣生活必需的食料，理應受嚴格的規定。（註八）

自由的勞工，有自由競賽的權利，因為個個人可以做到師父。但師父的工作也不能躲避人家的管理，不過此管理者非行會而為市政機關或封主能了。同時在自由的技藝內，學徒之數雖無法定限制，但事實上已有限制的趨勢。故在十六世紀時我們可以看出自由技藝有漸漸走向會董制或行會制的形式。但往後行會制中之學徒升為師父之機會漸少，（註九）且必須一大筆的費用，故欲做師父者頗感困難，行會制終於變成閉關的階級。

同時由於商業之推廣，商業資本之蓄積，商人利用其資金，便在工業領域中大行活動。如博都的大呢商，就令城內及鄉下許多的紡織漂染等工人爲自己工作。商人將原料交給工人，而將製成之呢布收集於自己手中。在亞珉（Amiens）地方的毛織業內，新器物及新方法逐漸發明。因生產規模之逐漸擴大，製造時需要許多的工人，於是原有的行會組織受了嚴重的打擊，因爲此時已產生了無產階級的自由勞動者了。

關於工人階級狀況，則可自兩方面去觀察，便是工人每日的工作時間，及其工資收入的兩方面。

十六世紀時工人工作時間很長，尤其是在夏天。工作是根據太陽來規定的。但夜工較少。巴黎建築工人的工作時間，夏天是從早晨五時至晚間七時，冬天是從早晨六時至晚間六時。在好幾種其牠的工作中，工作時間更比這個長些，甚至有自早上五時至晚間九時者。

至於當時的工資數額，則因史料缺乏，很難斷定，不過，我們知道，工資的標準，很少由兩方面討論而規定的。(註十)在有行會制的城裏，常由國家規定，或由封主及市政機關規定。工人大都依星期或按日給薪，包工則較少。工人常由主人供給飯食，例如里昂的印刷工人便是如此。不過，工資的標準雖難得考證，但工資率的增高，確遠在物價之下。如在七十五年中只增到百分之二十至三十之工資，而物價則增高了四倍。在博都實際上薪水還減少三分之二。(註十一)所以結果是，工人的工資已到了最低限度，即再要低便不能維持生活的限度。而當十六世紀時，政府又禁止工人組織工會，禁止罷工，工人爲改善自己生活的鬬爭，故亦無能爲力。

現在再來看一看十六世紀的農民階級與農業情形。

自從中古末年以來，法國地產是分割了，這種情形，一直到大革命時也是如此；不過，在有幾處地方，地產卻漸漸的集中於富人之手。當時的商人，除貿易外，又兼對農民放債。故農民爲一切災難的犧牲品(如戰爭劫掠等等)。他們的土地抵押出去，便常常變成放債者的產業。(註十二)同時，貴族因受銀價跌落影響，他們收錢的年租減低了價值，所以他們也常求助於商人，而以土地抵押，有時或將土地賣給放債者。此外，地價與物價一般地在十六世紀中增加了許多。從一五四七到一五五四年，差不多增加了兩倍。

農民則分爲兩種，爲農夫與日工。農夫多靠佃田生活，日工則以幫助農耕而領取生活資料。不過因爲當時大部分農事還不需要借助旁人，所以日工的人數不多。日工平常的酬勞很少，在十六世紀下半世紀時其地位更壞，因爲工資低而物價高，所以他們的生活和其他的工資勞動者的生活一般地甚爲慘苦。不過，他們中間也有人會有一塊地，至少有一所房屋，一個小園，有時也做其牠的技藝如織布或織羊毛等等，因爲當時的農村中，手工業與農事常是連在一塊的。

至於農民生活，與前世紀的相差不多。食品粗糙，不大食肉；用器及衣服也很簡單，不過一小部分有錢的富農則漸見奢侈。

以上述十六世紀法國社會各方面之經濟情形。

本來，當十六世紀的後半期，自一五六二年以後，法國曾發生了宗教戰爭，全國經濟均受其害。在一五八九至一六一〇年亨利第四即位期間，宗教戰爭時所受的損失，由於許多人的努力，曾暫時地恢復一部分。但自亨利第四死後，法國財政經濟又復陷於混亂。一六二四年黎志留（Richelieu）掌握政權，他雖有經營國政的熱情，但無財政的手腕，國家財政，幾陷於絕望。因對外戰爭之需費，政府遂以貨幣之改鑄及增稅的方法來應付。於是都市與農村間都布滿不平的空氣，有些地方且發生了叛亂行爲。

掌權二十年之黎志留，他對於當時法國的農業及工業方面，沒有多少積極的建設。在一六四○年設立了一個王立印刷所，竟可以說是一個例外。但在商業方面，他卻取了較爲積極的態度。他盡力於交易的安全和便利之設施，企圖恢復秩序以發展交易。他從事運河的開鑿，道路橋梁的修築，驛傳通路的設備，及採用當時普遍支配歐洲之重商主義的理論，抱着獎勵輸出禁止輸入的態度，並擴張海港，使海軍部用軍艦來保護商船。

一六四二年黎志留死，次年法國國王路易十三（Louis XIII）亦死，由幼王路易十四（Louis XIV）卽位，而以其母后攝政。但在攝政期中，因財政上的強徵，國內爲之騷然。又因宰相馬沙倫（Mazarin）之以國家作犧牲而自肥私囊，故一六六○年以前之法國財政，實深混亂，實業亦趨衰頹。但自一六六一年起，高爾貝輔路易十四而治理法國，高爾貝爲重商主義的實行者，法國近代實業有負於他的地方很多。

高爾貝的理財方針，是在對於國庫要獲得足够經常臨時兩種支出的收入。「他改良既存的租稅制度，除去惡弊，力圖增收，又改革財政制度，增加國王的權力，實行財政行政的中央集權。對於支出也嚴加監督，於是財政上的弊端漸漸減少了。故至一六七二年以後的財政狀況已大見改善。可是到了翌年，爲了與荷蘭發生戰事，國庫又告不足，在這裏他也不得不依賴徵稅承包人的借款，並行種種財政上的末策，且向團體募集國債了。」（註十三）這種措施，當然是因順應國家一時的急迫而進行的一種不得已的辦法。

高爾貝站在重商主義的政策上對於農業施行相當的獎勵。一方面他想法減輕農民的負擔，同時並努力於開墾及灌溉的設施。但他之所以如此地獎勵農業，乃爲工業上之原料及工人食糧着想。在工業上他要本國生產物成爲價廉物美的商品以便和人競爭；所以在農業上他就不得不使原料生產增多，及糧食生產豐足。蓋糧食生產豐足，則工資可望減低，而原料生產增多，則工業可有發達基礎。

至於高爾貝之工業政策，當然是和一般重商主義者一般地盡力將工業生產品輸出到國外，同時不向外國買入商品以免金錢之外流，而使金錢流入國內。同時，對於製造廠的設置也廣行獎勵，又與在外的外交官協力從德國、瑞典、荷蘭、意國等地招收優秀的勞動者，使他們教授國內勞動者以技術。而對於國內勞動者之國外移住，則嚴行禁止。「高爾貝特別獎勵的是奢侈品工業，取得特權的各工廠在國內到處建設起來，向來的家內工業大受壓迫，各地且發生擾亂。同時銳意和英、荷的工業相競爭，因此不只限於奢侈品工業及紡織業，就是重工業也大大的進步了。他不僅謀生產量的增加，並企圖品質的提高，採用工場監督及商標制度，又創設商業協議會以輔佐行政。」（註十四）由是可知在將大工業移植到法蘭西來這件事上，高爾貝是頗有功績的。

在商業方面，高爾貝是繼續黎志留的事業而進行着。水陸交通務使其便利；對外貿易在維持有利的貿易平衡。為了發展對外貿易，他採用了開拓法蘭西工業的新市場和保護對於外國的競爭的兩種方法。「開拓新市場的方法中，特別可舉的是商業公司的創設。黎志留的企圖因缺乏資金而不能成功，高爾貝為了使對於遠隔的事業能夠負擔充分供給資金的危險，使倣傚荷蘭而創設同名的東印度公司。這個公司，在五十年間掌握着東方貿易的特權，但資金的募集非常困難，所以事業不能有很大的成功。此外尙設立西印度公司和其他三四個商業公司，但結果更是不好。高爾貝一面也注意於自由貿易在特權公司失敗了的地方，則取自由貿易的方針，加拿大及安的爾(Antilles)各島因此大大的繁榮了。」(註十五)至在保護對於外國之競爭方面，則依關稅之保護制而運行。此外又有領事制度的改良，自由港之設置，倉庫之設備，以及軍艦，商船的組織等，都對於法國的商業是有利的。所以，經高爾貝之倡導，法國對外貿易不論遠近均有很大的發展。

但自一六八三年高爾貝死後，法國經濟亦即開始衰頹。一則爲了國王路易十四的浪費；二則爲了國王的征服欲在戰爭上所耗費的金錢不少；三則高爾貝所創立的重商主義的經濟制度也因時代的變遷而至阻害經濟的活動；四則由於屢經荒歉的農業喪失給養一國的能力，所以，法蘭西的社會經濟蒙受着很大的不利。

社會經濟既受極大損失，財政的徵收即更加困難。爲了支出巨額的戰費，爲了彌補國庫之不足，遂訴諸一切的下策。人頭稅既實行徵收，十分之一稅亦復設定；並創設官職，募集國債，改鑄貨幣，發行紙幣等辦法，均一一實行。計自一六八九年到一七一五年，支出約五十億，但租稅收入不及四分之一。雖使用許多下策，仍不能使收支平衡。故當一七一五年路易十四死時，國債達於二十五億之巨數。

一七一五年後，在農業方面，法國一般農民徐徐地漸有了土地的所有權，農民個人漸成爲自由的所有者，農民的身份次第脫去了農奴狀況。不過，那在十七世紀時的舊式的耕種方法，一直維持到十八世紀的中葉。十八世紀中葉後，因中央政府及地方政府的鼓勵，新式生產方法纔開始使用起來。

但法國農民除特權階級如貴族、僧侶、資產階級等人外，一般小農之耕地面積普通都是十分狹小，所以不能從這有限的土地上取得充分的所得；普通他們常兼做幫佃或折半佃戶。折半佃戶爲法蘭西農業特色，較純粹佃戶的生活更爲悽慘。

農民所納各種租稅甚重，有些地方竟將所得百分之三十六支付租稅。於是農業生產難以發達，荒廢的土地很多。農民不能安居於農村，遂多流入城市而加入工人隊伍。

在商業方面，當十八世紀之初，國家商業政策，仍爲重商主義的性質。及至十八世紀中葉以來，有重農學派之經濟上的自由主義的提倡，法國商業政策不無受到相當影響。此後直至大革命時爲止，保護政策與自由貿易政策互相循替着佔據法國國家商業政策的地位。但是，不管國家的商業政策如何，法國的商業資本經過了十六、十七、十八世紀以來，已有了巨額的蓄積。大工業制的家庭手工業及手工工廠早已出現，而在內中居主要地位者，卽爲商人資本家。這是說，商人資本家已成爲工業勞動的使用者了。(註十六)所以，在法國當十八世紀後半世紀時之工業上的改革，主動者乃爲商人資本的力量；我們只要看在十七、十八世紀時，「商業」二字的意義，包含得有工業經營的意味這一點，就可以明白當時商人資本家之勢力若何了。(註十七)

十八世紀末期，大規模化商業及集中化商業，已陸續出現於法國之師丹(Sedan)、需姆(Reims)、魯昂(Rouen)及愛爾白弗(Elbeuf)等工業中心地。於是商人資本家在工業中的生產經營，爲了要使工作易於監督，易於分配及管理原料，以及易於轉運未完成的生產品起見，商人便出資建立工場，集合許多的手工業者到一處來工作；於是依賴於商人的手工業者，就變爲領取工資的雇傭者。同時，處於支配地位的商人，遂變爲生產組織者。所以，手工工廠的成立，可以說是商業資本在工業領域內發展的完成，亦卽工業資本主義的發生。此時，商人資本家在實業界的勢力極大，他所雇的工作者的工資，竟可由其單方面來決定，因爲勞動市場的供給常超過其需求的緣故。

至於十八世紀時法國新式工業發展之經過，亦可簡述之如下。

自一七〇〇年至一七一二年，法國工業頗形不振；由高爾貝所提倡的企業，幾完全失蹤。一七一四年至一七一五年，工業似乎開始復興；但不久至一七一六年又復衰頹；失業人數衆多，而在布凡(Beauvais)的工業，當一七二一年時竟至於破產。同年馬賽的企業也瀕於危境。

但自一七二一年後，有荷蘭人阿姆斯德爾(Flcos Van Amstel)設置織布廠於法國之奥克(Auch)地方，不久在納維爾(Neuville)也有同類工場之建立，於是隨卽在白魯司(Pérouse)、第薺(Dijon)、里昂及蒙白利(Montpellier)等地，均先後成立了大規模的紡織廠，出品除棉紗棉布之外，尚有數種羊毛織物。

在同一時期，卽自一七二一年至一七三〇年時代，在法國各地又創立了許多燒玻璃器皿的工場。一七二七年，煤的使用普遍起來，這也助長了工業的發達。在一七二五年時候，巴黎附近及白利（Berry）地方已有鋼鐵工場之建立，所用工人在二十餘名左右（註十八）。

當一七三五年代，絲絨的生產開始發達；在畢卡地（Picardie）地方，在巴沙龍納特（Vallée de Barcelonnette）地方及在里昂地方，都有織造絲絨的工場。自一七三〇年至一七四〇年時期，採礦業亦開始發達。

及自一七四〇年至一七七五年代，法蘭西近代工業的基礎便已樹立。可是，此期段中工業之發展，卻大部分是得力於政府的掖獎的。如關於實業行政機關之設置，技藝學校之開辦，優良出品之獎勵，公開演講之宣傳，以及報章雜誌之鼓吹等等，在在都給與法蘭西近代實業發展以極大的助力（註十九）。

此外，自十八世紀中葉後，在生產工具方面亦逐漸有所改良；簡單機器之使用，亦已開始。當時之發明有科學家蒲芬（Buffon）之高熱度熔爐（hauts fourneaux），及勒奧繆（Réaumur）之寒暑表等；而赫羅（Hallot）在毛織物之染色上有所研究，馬格（Macquer）在絲織品方面亦有所改良。同時，英國在其實業革命時代所有諸種發明，法國實業界亦多方設法去採來利用。所以自從一七八〇年後，法國工業亦開始資本主義化。

同時，自從中世以來之行會學徒的過剩，封建從屬的瓦解，擴大的商業資本之收買土地，及由農民之自動地離開農村等，在十八世紀後半期便產生大批的自由勞動者。於是，在商業資本與高利貸資本之蓄積，生產技術之改良，自由勞動者羣之出現，及國際市場之發達等條件下，法國在十八世紀之末至十九世紀之初，也就步武英國之後，走上了實業革命的道途。不過，在法國實業革命之先，當一七八九年時候先來了一次政治的革命。當然，這次政治的革命，是有其經濟的背景的。關於這個革命的經濟背景以及革命後的法國經濟，我們留到下一章再去研究。

（註一）見塞翁利前揭書第四卷第一篇第三章。

（註二）當時之海外發現有：一四八六年狄池（Diaz）發見好望角；一四九二年哥倫布發現美洲；一四九八年伽馬（Basco de Gama）繞行非洲發現通達印度之航路；一五〇〇年加不勒（Cabral）發現巴西；一五一九—二一年考德施（Cortaz）掠奪墨西哥；一五三二年畢沙羅（Pizaro）占領秘魯等。

（註三）參閱塞翁利前揭書第四卷第二篇第一章。

(註四)同上書第四卷第二篇第二章。

(註五)同上書第四卷第三篇第一章。

(註六)同上書第四卷第三篇第五章。

(註七)參看 Henri Hauser, Les Débuts du Capitalisme, Chapitre III.

(註八)參看塞翁利前揭書第四卷第四篇第一章。

(註九)參看 Henri Hauser 過去的工人，一一九頁以下。

(註十)見塞翁利前揭書第四卷第四篇第四章。

(註十一)同上。

(註十二)參閱塞翁利前揭書第四卷第五篇第一章。

(註十三)見平貞藏前揭書六〇頁。

(註十四)同上書六一——六二頁。

(註十五)同上。

(註十六)見 Henri Hauser, Les Débuts du Capitalisme, p. 27-28.

(註十七)參見塞翁利 Les Origines du Capitalisme Moderne, p. 133.

(註十八)參看 Germain Martin, La grande industrie sous le règne de Louis XV, p. 110.

(註十九)參看 Ballot, Introduction du Machinisme dans l'industrie française, pp. 12, 14, 15.

第四章　法國大革命及第一帝國時代之社會經濟

——自一七八九年至一八一五年——

我們先來看一看革命前夕之法國民衆的生活狀況：

一七八九年大革命前夕之法國社會已因人民的窮困而呈不安之狀，但當時法國的貴族，則極其驕奢放縱，使法國人民在極困苦的境況之中呻吟。人民對於國家要納稅，對於地主要獻租，對於教堂要納什一稅，對於此三種在上的人們又當盡力役……在此等重負之下，大羣的人民逐流爲乞丐；如一七七七年所公佈的乞丐數目便有十萬人之多。於是就常有數萬衆的男女老幼，在各省的道路上「逃難」。各省人煙稀少，鄉村中常呈災荒狀況。成千成萬的農民從本鄉逃出，想到外省去覓較好的環境，但是，結果都使他們失望。同時，城市貧民人數也逐日增加，因麵包問題所起的擾亂，及擾亂後的屠殺，遂爲經常的現象。

可是，當時法國的支配階級，只知一味揮霍，而不顧民間疾苦。他們只要有得跳舞，有得聽歌，有得喝酒，有得縱慾，不管在這許多方面是缺乏思想，缺乏感情，缺乏意義，不管，一概都不管，有錢只用了再說，沒有錢再向人民榨取。

關於這種情形，這種奢侈與貧困之兩極端的生活實況，並非我們這兒的懸想，只要看無論在那一位寫大革命時代的史學者的著述，就可以明白這一切了。

同時，在法國大革命的前夕，除了人民的窮困與貴族的奢侈之一現象外，在當時法國的農村社會中，又有少數的富農形成了一個新的階級，就是鄉村中的資產階級。這個資產階級，又是在貴族的土地因驕奢而瓦解的區域中出現的。同時，此一新階級，便是第一批反對封建特權的代表。他們堅決地主張，封建特權應無代價地廢除；皇室與貴族的地產應當沒收，劃分爲小塊而拍賣。在這一派人中，當大革命的前夕，他們心中是滿含着反抗的精神及將來的希望的。

在大革命前法國之經濟組織，是社會中大部分的財富都落於貴族與教士等人之手，而一般民衆不過爲他們的牛馬而已，這種現象，早爲十八世紀時的許多哲學者們所批評。當時的哲學家，常宣稱一切人類平等，皇帝與農民都是公民，都當服從法律；法律當由人民的代議機關製定，以代表全國民衆的意志契約則應自由，封建的奴役則當廢止。……在提出這許多要求時，他們當然是希望着舊時政體的破壞的。這是在理論方面推動革命的原因。

此外在另一方面，當一七八九年前好久，法國就走進了一個暴動時期。如在一七七四年當路易十六(Louis XVI)登位時，卽有大堆飢民的擾動，此擾動一直延長到一七八三年。及至一七八六年，農民的暴動更加猛烈；原因也是由於荒癃無食及不願再交付封建的賦稅。這情況直延到一七八九年，擾動的次數不斷地在增加，擾動的地方並普遍了法國的東北及東南部分。這就是民衆行動的潮流，促使大革命實現之主要條件。

一七八九年的法國革命，雖說是資產階級爭奪政權的革命；但同時也有許多無產階級的人民，實際參加了革命的鬬爭，但是革命以後代皇家貴族而處於社會支配地位的卻爲資產階級。然則，資產階級之革命目的爲何呢？

法國人民受了英國革命（十七世紀時的革命）及美國革命的影響，他們已知道了他們對於管理社會的作用及他們之革命能力。同時，他們又接受了孟德斯鳩(Montesquieu)、盧梭(Rousseau)、屠果(Turgot)及斯密亞當(Adam Smith)等人的政治經濟學說，所以他們就對於代議政治及經濟自由諸問題加以注意。

因此，當一七八九年走入大革命之時，法國資產階級就曉得他們所要的是些什麼了。他們不願意國王再有獨斷的權力，不願再受宮庭與親王的統治，不願貴族佔據政府中最好的位置，不願鉅量財富歸於貴族等人享用。……

法國資產階級革命的理想，是想得到一個憲法，想統一國家，眞正權力授於國會，國會中則以有智識的資產階級佔優勢。

同時他們又要廢除國內自治的地方權力，要集中一切政權於一個中央機關，受國會的監督。國內人民則應當完全服從政府。

商業完全自由，工業的企業家能自由開發一切富源，自由的使用勞動。

他們明瞭土地與資本在貴族手中是不能生產的，所以要拿牠過來。在革命以後他們就已經預先看見了工業和大規模的機器生產之迅速發達；他們預見海外貿易的發展，預見東方市場之佔據，及如何地緊集起大量的財富。……

「總之，他們所要求的卽是經濟學家所稱爲工業與商業的自由，其眞正意義，卽一方面免除工商業受國家之繁重的與苛酷的監視；另一方面給他們以剝削工人的絕對的自由。他們再不要行會，也不要手工業協會；既不要職業的監視，也不要手工業的老板，不要那一切足以妨礙剝削工銀勞動的東西；不要妨礙製造業發展的國家監督，不要妨害本地工業的獎金，不要禁止輸入的條例。對於雇主業務則完全聽其自由，對於工人則嚴厲地禁止任何組織。對於一方面採取放任政策，對於另一方面完全禁止他們的團結。」（註一）這便是一七八九年法國資產階級革命的目的。

但是，在革命後數年中法國社會經濟情況，又如何呢？且先從一七八九年至一七九五年這一期段中之法國勞動者之工資及生活必需品之物價方面去研究。

一七九一年九月二十九日，革命政府曾通過一條法令，說是工人工資應照一七九〇年的工資加倍。但是，工資雖然增加了一倍，可是當時物價比一七九〇年爲高漲，所以勞動者的實際收入，仍然沒有多少增進。像馬里（Marly）的機器工人在革命後第三年雖然可以得到二里佛爾

(livers)十六蘇(sous)至五·五里佛爾的工資，可是當時的五·五里佛爾卻只能夠購買二五〇公分(grammes)的麵包。在這種貨幣膨脹時期，一般平民的生活均極其困苦。當一七九一年之末至一七九二年時候，因糧食商人之抬高價格，致引起各地方的紛亂。巴黎市政府雖下令規定麵包每磅之價格為三蘇，但市政府卻必需於每日支出一萬二千法郎以給糧食商人作津貼。在都爾(Tours)地方勞動者協會雖然決定了每磅麵包之價格為二蘇，但是他們的議決等於空文。於是，里昂工人提議將糧食壟斷者送斷頭臺；各地均有請願政府速定糧食最高價格之法令的呼聲。有時，羣衆甚至於動手搶掠堆積糧食的倉庫。

在巴黎，民衆反對提高物價的運動，進行得比別處更為激烈。為此，當一七九三年時，曾發生反高價運動之暴動。民衆宣稱糧食所有者沒有壟斷的權利，沒有壓榨人民以自肥的權利。是年七月間，在一般民衆的心目中，認壟斷者非處以死刑不可。於是在當年九月二十九日，政府通過了限制最高價格的法令，凡生活必需品中如肉、豬油、奶油、植物油、酒、醋、啤酒、鹽、蜜、鐵、皮等物，都有最高價格之規定。於是法國的食物供給，逐漸減少。里昂馬賽等地尤為恐慌。各地對於食物消費，就不得不實行限制。如達白（Tarbes）地方，每人每日限定半磅麪包；爾勿勒（Evreux）地方，每人每日亦規定爲半磅之消費；而魯昂地方，每人每日竟減至四分之一磅。結果，最高價格之規定，又被取消。

一七九五年一月，豬肉每磅售價五五蘇；牛肉每磅售價三五至四〇蘇，而奶油一磅則賣三里弗爾十蘇；其牠之生活必需品價格雖亦有所增漲，但此時之漲價還不算是最高。可是，數月之後，一般物價竟然飛漲起來，如麪包一磅，價至五〇里佛爾；肉一磅，價至一三〇里佛爾；酒一瓶，售價三〇里佛爾。同樣地在其牠的生活必需品中，如麪粉、靑豆、豌豆、柴、煤、糖、咖啡、蠟燭、鞋、襪、帽、布、蛋、奶油等物的價格，也是飛升到最高峯。（註二）

於是，各地發生罷工，發生暴動。一般民衆，開始認識革命政府的性質，以爲牠不是能够維持人民生活的政府。到處充滿着要求麪包的呼聲，巴白夫（Baboeuf）主義之宣傳遂易爲民衆所接受。

在當時由巴白夫等人所發表的宣言中，說是在大革命之後，雖說一切的國民在法律上是平等了，但實際上貧窮的人們，無論在任何時地，都在受着壓榨與欺辱。故平等的話，徒具空文而已。但是彼等以爲人們從初生時起就是平等的，故當爲平等而奮鬬。法國的革命，不過是最後革命的序幕，人們不當就此滿足，因爲大家還沒有達到平等的境地。

當時的執政者自然認巴白夫等人之組織爲陰謀機關，遂以武力解散其組織；巴白夫且爲其主義而犧牲了性命。

當革命後第七年，法國遭遇了一度深刻的經濟恐慌。如在路昆（Rocquain）著述中（註三）曾述及當時巴黎各工業中之七分之六的工人是被解雇了；在卡爾伐多（Calvados）、奧納（l'Orne）及伐倫席安（Valenciennes）等區域，固有的花邊業及細紗織物工業，均淪於破產的境地；而不勒丹納（Bretagne）的麻紗業，夏倫特（Charente）的造紙業等亦遭受同樣的打擊。在許多省份，其經濟情形甚至不如一七八九年大革命的時候。如在奧白（l'Aube）地方三、二四〇實業單位中，只有一、四七〇單位在繼續工作；在里昂之九、三三五之產業單位中只有五、〇〇〇單位在工作；而里昂之八、〇〇〇製帽工人中，便有六、五〇〇工人失業。總之各地生產，均形衰落；不列丹納紡織業之不振，諾曼底五金工業之萎靡，以及里昂馬爾毫斯（Mulhouse）等地工場之停閉等現象，均足使人對於當時法國之社會經濟感覺悲觀。

但自一七九九年拿破崙(Napoléon Bonaporte)任大統領及一八〇四年拿破崙任法國皇帝以來，法國科學進步新式生產機器便常有發明。如勒勃朗(Leblanc)、白特勒(Berthollet)、夏浦達(Chaptal)、舍昆(Sequin)等人，即對於生產方法，生產工具之改進方面，有很大的貢獻。故當一八〇七年時，當盧維埃(Louviers)及師丹(Sedan)等地方的紡織工業採用了新式機器後，兩名工人的工作，就可以代替以前二十人的工作了。同時，當一七九〇年至一八〇〇年間，在里昂有名夏加(Jacquard)者，發明了一種新式織機，用之能以一二人之力代替許多手工工人的工作。於是引起同業手工工人之妒恨，遂毀夏加之機而投之於倫尼(Rhone)河中。

在此期段中，統計里昂絲業，當一八一二年時，大小工場為數一〇、七二〇家；棉織廠的數目亦略相仿。又當第一帝國末年，法國毛織業中共消費原料三千八百萬公斤，製出二億三千八百萬件各種織品。至在此一部門實業中工作的人數，則共在七萬四千八百五十人以上(計師丹一萬八千人；爾爾白夫(Elbeuf)七千八百五十人；加卡松納(Carassonne)九千人；雷姆(Reims)二萬人；得德勿(Lodève)區域內二萬人。)而當時之麻織業及棉織業方面所使用之工人數，尤較此為多總共不下十餘萬人。

他如絲業之中單是里昂一處地方便已有八萬工人。此外如聖得田(Saint-Etienne)、聖夏蒙(Saint-Chamond)、阿維農(Avignon)、尼姆斯(Nimes)、都爾等處，絲業亦均有相當發展。同時花邊業之在諾曼底、奧勿爾納(Auvergne)勿爾勒(Velay)等地；製帽業之在巴黎、里昂、史托拉斯堡(Strasbourg)等地；玻璃業之在克勒梭(Creusot)、聖路易(Saint-Louis)等地；傢具業、鐘表、珠寶業之在巴黎；及造紙業之在阿德席(Ardèche)、夏倫特、魯瓦勒(Loiret)、優爾(Eure)、下塞茵等區域亦均有所改進。

此外，一八一二年時，法國本土所產之煤，不過八三六、〇〇〇公噸，較一七八九年增加一六一、〇〇〇公噸左右。法國所使用之煤，大多自國外輸入，以由比利時所輸入者爲最多。至鐵之生產亦欠充足，一八一二年所產者，亦只區區之數，總共不過九九、〇〇〇公噸。

至於農業生產方面，在各種穀類、馬鈴薯、葡萄酒等上面之收成所值，年約四、六五〇(百萬)法郎。同時製糖業之產額，爲三四(百萬)法郎。法國在此期段中之對外貿易數量，則有下列統計。

（註四）

年度	輸入（單位百萬法郎）	輸出（單位百萬法郎）	總數（單位百萬法郎）
一八〇〇	三二三	三〇〇	六二三
一八〇五	四九二	三七五	八六七
一八〇八	三二〇	三三一	六五一
一八一一	二九九	三二八	六二七
一八一四	二三九	三四六	五八五

以上所述，爲法國當拿破崙時代（一七九九——一八一五）之一般生產與貿易的情形。

現在，我們再來看拿破崙時代，法國一般生產勞動者之生活狀況若何。蓋勞動者人數實佔據一國人口中之絕對的大多數，研究一國之社會經濟，若是忽略了那在社會中佔絕對多數之人民的經濟生活，那是不能得到徹底的認識的。

且先來考察當時各地各業之工作者的收入。

在都白（Doubs）地方，當一八〇二年的時候，馬蹄鐵匠人每日之工資爲二法郎五〇生丁；製鎖匠及木匠之收入相彷彿。泥水匠每日可得二法郎二五生丁；織匠得一法郎五〇生丁而普通日工則可得二法郎之數。

在蒙勃朗省（Mont-Blanc），當一八〇一年時候，不供膳食的日工得一·五〇法郎；木工及泥水工得二·七〇法郎；男僕每年可得一〇〇法郎的酬勞，女僕卻只能領取七二法郎。在上述二地之工資較一七八九年增加自百分之二十到百分之五〇左右。

在布格（Bourg（Ain））地方，不給養的日工工資爲一·七五法郎；男僕每年工資爲九六法郎；女僕每年得七二法郎。此工資平均數與一七八九年者相比，增進了自百分之二五達百分之四十之數。

在上維恩（Haute-Vienne）地方，當一八〇一年時候，日工工資收入反較一七九〇年之工資爲減少；如一七九〇年可得一·五〇法郎者，一八〇一年只能得到一法郎。又如一七九〇年時之男僕，每年可得工資一二〇法郎，女僕每年可得六五法郎，而至一八〇一年時，男僕每年只能得到九五法郎，女僕則減至五六法郎。故在此地之勞動者的收入減少的趨勢是極其明顯的。

在摩塞爾（Moselle）地方，當一八〇〇年時之工資統計，則有如下述：織匠一法郎；硝皮匠二·二五法郎；帽匠二·二五法郎；礦工二法郎；製針工人一·二五法郎；鐵匠一·六〇至二·七五法郎；玻璃匠五〇〇法郎一年；陶器匠六五〇法郎一年；採石匠三〇〇法郎一年。據此統計和一七八九年之工資相比，則增進約爲百分之五十左右。

同時，摩塞爾之男女僕人的工資亦有進步。男僕每年工資，由八二法郎增至一二八法郎；女僕每年工資，由五一法郎增至七一法郎。

法蘭西中部之伐木工人的工資，從〇·九〇法郎進步到一·八〇法郎；巴德加萊（Pas-de-Calais）的日工的收入，由〇·七四法郎增加到一法郎；而當地的織布工人工資，亦由一法郎增至一·二五法郎。

北部之紡紗工人的工資，由一·二五法郎進步到一·七五法郎；奧納的鐵工，從一法郎到一·〇五法郎；織工自〇·六〇法郎至〇·七五法郎；而阿勒（Arras）之花邊工人的工資，則自〇·

三〇法郞至〇・五〇法郞。

在奧來昂的紡織工業中男工所得，自一・五〇法郞至二・五〇法郞；女工工資自〇・六〇法郞至一・二五法郞；而童工所能領取者，則爲自〇・四〇法郞至〇・七五法郞之數。每日工作時間，則爲自一二小時至一五小時之長時間；童工之使用逐漸增加，逐漸推廣。

至於法國首都巴黎之各業工人的收入，則有一八〇七年五月三十日巴黎市政府所發表的統計可供參考。（註五）

據當年之所發表，則工人中工資之計算有以月者，有以星期者，及以日者之不同。酒商之雇員有三〇法郞一月；雜貨店店員之工資每月爲自二五至四〇法郞至以星期計算者，如麪包店工人每星期可得八法郞至一二法郞之數；肉店工人每週得一〇法郞至一五法郞；豬肉店店員每週工資爲一〇法郞；而蛋糕店工人每週之工資有自六法郞至一五法郞之差額。此外，工資之以日計數者，如瓶塞工人可得二法郞；蒸酒工人可得三至四法郞；製酒或製醋工人每日可得二・五〇法郞；製巧格力工人每日可得三至四法郞；製糖菓或蜜餞品工人每日可得四至五法郞；製細麪條工人每日可得二至二·五〇法郎。

在建築業方面，當年有建築工人二四、一四八人，工資盡都以日計算，其每日所得之數，則有如下述：

挑土工人一·五〇至二·五〇法郎；平土工人二·五〇至三法郎；泥水工二至四法郎；石工三至七法郎；上瓦工人二·五〇至三法郎；水管匠二·五〇至三法郎；木工二·五〇至四法郎；鋸工二·五〇法郎；刻木工二·五〇至四法郎；裝玻璃工人二·五〇法郎；製鎖工匠二·五〇至七法郎；淸除工人二至二·五〇法郎；漆匠二·五〇至六法郎；鐵灶工人二·五〇至四法郎；雲石工人三至四法郎；彫刻工人四至一二法郎；在木器上漆金的工人亦有三至四法郎。

同時，巴黎製衣匠人共有一七、八〇〇人，但其工資之統計，有欠確切。

皮鞋匠之工資以工作件數計算，製靴一雙可得四至一二法郎；而理髮匠之工資，則爲一八至二四法郎一月。

他如裁縫工錢，自三至四法郎一天；女帽製造者工資爲二·五〇法郎；男帽製造者工資爲二·

五〇至四法郎；製梳工人日得二·五〇法郎；皮貨店工人日得三法郎；製手套工人工資爲二·五〇至五法郎；香水工人工資爲二至六法郎；製人工花者每日可得三至四法郎。

在傢具業方面工作者，當年有五、一五八人，各業工資多以日計算。如製地氈者每日得二·五〇至四法郎；刻木工人每日得三至五法郎；製刷工人日得二法郎；製鎒工人日得二法郎；製保險匱工人日得三法郎；製輕便木箱工人日得三法郎；紅木木器匠人工資每日爲三至五法郎；製鏡工人工資爲三至四法郎；製玩具工人日得二至四法郎；製桌圍等飾品工人日得三至四法郎。

此外，巴黎當時製造交通器具的工人，據市政府所發表之報告，則爲三、三四一人，他們的工資則如下述。

製車工人二·五〇至四法郎；馬蹄鐵工人二至三法郎；馬具工人二法郎；華貴車輛及馬鞍之製造工人三至六法郎；在車身上漆花的工人則得四法郎。

在木作方面，當年亦有一、一一二名工人。製桶匠人每日所得爲二·五〇法郎；刻木匠人則可得四至五法郎。

在金屬工業方面，粗工有四、七四八人，細工有六、五一〇人，共爲一一、二五八名金屬工人。他們所得工資均以日計，其數額如下。

製鎗工人之工資爲二至四法郎；利器工人工資則爲三至四法郎；鈕扣工人工資爲二至二·五〇法郎；製鍋工人二至二·五〇法郎；熔爐工人二·五〇至三法郎；製釘工人二法郎；製別針工人二法郎；白鐵工人二至四法郎；機器工人三至五法郎；製秤工人二·五〇至三法郎；製工匠用具工人二至二·五〇法郎；鑲珠寶工人三·五〇至五法郎；修鐘表匠人之工資則爲三至四法郎。

紡織工人爲數三、二一三名；製革工人爲數一、九九三名。紡粗線者日得工資一·五〇至二法郎；紡細紗或繅絲者日得二至四法郎；織綢帶工人有五法郎一日。製革工人之每日工資則爲二·五〇至三法郎。

在印刷業中，工人總計三、一四三人，每日工資則自二至四·五〇法郎。

在玻璃與陶器業中，工作者爲一、四八五人。每日工資則：陶工二·五〇至五法郎；磁器工人二·五〇至六法郎；玻璃工人二·五〇至三法郎；水晶工人二·五〇至三法郎；

最後，尚有二、七〇一名工人爲蠟燭、煙草、染色及其他工作的勞動者，他們的工資如蠟燭工人每日可得三至四法郎，煙草工人日得二法郎，染色工人日得二·五〇至六法郎。

上述之各業工人，雖未能包括巴黎全部人民，但已佔巴黎居民之最大多數；所以，他們的收入狀態，是可以代表巴黎社會中之一般人民的收入的。同時，上述統計之發表雖在一八〇七年，但至第一帝國末年時之工資收入狀態，與此無多大變異。如一八一〇年之石工收入爲三·二五法郎；製車工人收入爲二·五〇法郎；普通日工收入爲一·九〇法郎，卽與一八〇七年之統計沒有多大的出入。

以上所述，卽爲法蘭西在拿破崙時代一般勞動者之日常收入狀態的分析。

現在再來看一看當時之各種生活必需品的價格若何。關於這一方面的材料，有法國國家的統計公報可供參考。（註六）

當一八〇一年，在上維恩地方，麪包每磅值〇·一五法郎；小麥每五十公斤値五法郎；番芋每五十公斤値〇·七五法郎；牛肉一磅售價〇·三〇法郎；豬肉一磅售價〇·三五法郎；豬油一磅售價〇·八〇法郎；奶油一磅售價〇·七五法郎；蠟燭一磅售價〇·五〇法郎。同時，帽子一頂約值一五法郎；鞋一雙值四至五法郎。故當地每一手藝工人之一天的生活維持費，當一七八九年時需要一·五〇法郎；當一八〇一年時，生活程度較高，卽非有二法郎不可；及至一八〇六年則手藝工人一天的生活費平均爲二·五〇法郎。

在蒙勃朗省當一八〇一年時，一磅麪包值〇·二五法郎；一磅肉值〇·三三法郎；一公升啤酒值〇·六〇法郎；一公升葡萄酒值〇·三四法郎；一捆柴值一〇法郎。每一手藝工人一天的生活費，在一七八九年時爲一·六五法郎；一八〇一年時爲二·〇五法郎；一八〇六年時回降至一·八〇法郎。

在阿恩（Ain）地方之麪包，當一八〇一年時，每磅值〇·二〇法郎；而當一八〇六年時，則每磅價格爲〇·二五法郎。每公升之葡萄酒，一八〇一年時售價〇·四〇法郎；一八〇六年爲〇·一五法郎。至其他之生活必需品價格，可列成簡表如下。

年度	牛肉每磅價格	小牛肉每磅價格	奶油每磅價格	牛奶每磅價格	鷄蛋每打價格	白糖每磅價格
一八〇一	〇·四五(法郎)	〇·四五	〇·六〇	〇·一二	〇·三五	二·二五
一八〇六	〇·五〇	〇·四〇	〇·四五	〇·一〇	〇·三五	二·二〇

計算起來，在阿恩地方自一七八九年至一八〇六年，麵包漲價百分之五〇；牛肉漲價百分之七〇；小牛肉漲價百分之六〇；奶油漲價百分之八〇；鷄蛋漲價百分之七五；白糖漲價百分之四五；故當時在生活上之壓迫，頗易於感到。

在都白(Doubs)地方之地理環境及經濟環境頗類似於阿恩，故兩地物價亦相彷彿。

至在法郎孔都瓦(Franc-Comtois)省，當一八〇二年時，每五十公斤小麥售價一五法郎；五十公斤大麥售價一〇法郎；五十公斤馬鈴薯售價四法郎；一磅牛肉值〇·四二法郎；一磅豬油值〇·八〇法郎；一磅奶油值〇·九〇法郎；一磅胡桃油值一·八〇法郎；同時酒一桶值二〇〇法郎；布一四(Aune)值一六法郎；帽一頂價格爲一三法郎；鞋一雙價格爲八法郎；工人一天的生活維持費，則需一·五〇法郎。計自一七八九年以來，物價之提高者，有小麥提高百分之五〇；馬鈴薯提高百分之一百；葡萄酒提高約爲百分之二百；而布匹提高百分之六〇。但肉類及奶油的價格，則反較以前爲低。

在摩塞爾地方，當一八〇〇年時，麵包每磅價格爲〇・一二法郎；肉類每磅價格爲〇・三四法郎；葡萄酒每公升價格爲〇・七六法郎；鞋一雙價格爲四・七〇法郎；衣一件價格爲九法郎。此種物價若與一七八九年者相較，則見麵包價格降低，肉類價格提高百分之一五。

現在將各地之麵包與肉類在相近期間之價格統計列成簡表如下：

	上維恩	蒙勃朗	阿恩	摩塞爾	得[illegible](l'Indre)
麵包（每磅價格）	〇・一五	〇・二五	〇・二五	〇・一二	
肉類（每磅價格）		〇・三三	〇・五〇	〇・三四	〇・一六

這兒，我們若依各地工人所得工資及當地物價來研究，則見蒙勃朗之木工當一七九二年時，其每日所得工資，可以購買四・三七五公分之麵包，或二・六六〇公分之肉類；至一八〇一年時，則以其每日工資可以購買五・二〇〇公分之麵包，或三・九五〇公分之肉類。又在麥次(Metz)

地方之製桶工人每日所得之工資在一七八九年時，可以購買四、〇〇〇公分的麪包，或二、二〇〇公分之肉類；至一八〇〇年時，則以當時工資，可以購買九、五〇〇公分之麪包，或三、三五〇公分之肉類。同時，日工之在安得爾者，當一七八九年時，以其一日之工資，可購二、〇〇〇公分之肉類，至一八〇一年時，則其一日之工資，可購肉類二、五〇〇公分。此外，在郁白地方之製鎖工人，當一七八九年時，以其一日所得，可以購買五·五磅之牛肉或二磅又三五〇公分之奶油；及至一八〇二年時，則其一日之工資，可以購買牛肉六磅，或者二磅又三七五公分之奶油。

自以上對於各時各地之工資與物價之關係的研究中，我們不難明瞭法國當大革命後大多數人民的生活狀態。同時，這大多數人民之生活狀態的研究，又為認識一國之社會經濟必須的步驟。所以我們便不厭求詳地對於法國當時之工資及物價的實況加以敍述及分析了。

（註一）見 Kropotkine 之法國大革命史第二章。

（註二）見保羅·路易（Paul Louis），Histoire de la Classe Ouvrière en France, p. 27.

（註三）路昆（Rocquain）於一八七四年在巴黎出版之書名 Etat de la France au 18 Brumaire

（註四）參考保羅・路易前揭書三二—三三頁。

（註五）此報告發表於一八〇七年五月三十日，署名帝國時代之巴黎（Paris sous l'Empire）。

（註六）見 Statistique générale de la France.

第五章　復古王朝及七月王朝時代之法國社會經濟

——自一八一五年至一八四八年——

所謂復古王朝者，蓋自一八一五年拿破崙失敗後，路易十八（Louis XVIII）與查理第十（Charles X）相繼即位而爲法國國王恢復古制之時期之謂也。此一階級，包括一八一五年至一八三〇年之十五年的期間。至於七月王朝，則指一八三〇年七月革命後，路易斐立浦（Louis-Philippe）登基爲『人民皇帝』，一直至一八四八年發生革命時爲止的一共十八年的期間。這兒我們之所以將此兩階級的時期併爲一章而論者，乃因在此兩段期間，有着相同的性質；便是在復古王朝的時候，法國開始了實業革命，新機器的生產方法，此時已打定了牠的基礎；而在七月王朝時代，則爲法國機器生產之發達及勝利的期間，所以牠同復古王朝時代之實業革命，是有着不可分離的關係的。

（一）復古王朝時代之社會經濟

復古王朝時代，開始於一八一五年，所以我們且先研究一八一五年時之法國社會經濟情況。

當一八一五年時，長期的大陸戰爭由維也納會議而結束，拿破崙的雄圖是完全失敗了。在戰爭期中，法國所有許多的殖民地及殖民地市場，均爲英國所佔有；而戰爭之後，維也納會議更將拿破崙在歐洲大戰所佔領的土地劃歸原主；於是法國所有地域，仍回復到一七九〇年時情形。由於戰爭，工商業受到了嚴重的打擊及破壞，法蘭西在財政上是枯竭了。

可是，財政雖已枯竭，戰勝者所要求的戰爭賠款，卻不得不承擔。賠款數目很大，而除賠款之外，尚有各國戰勝軍隊之在法國境內向一般無告人民所收括者亦甚多。由是，可知當時法國人民負擔之重量爲若何了！

然而不但此也，除人禍外，天災復接踵而來，一八一六年之法國年成極壞，收成不佳，故農業物之價格高漲；這便使一般平民之生活苦痛不堪。同時，由於農產之減少，工業之衰微，法國之對外貿易數額亦大形降低。凡此種種，均拿破崙戰敗之初法國社會經濟衰落之情形。

但自一八一五年以後，法國社會經濟雖因戰敗而受到了嚴重打擊，可是在此失望和悲觀的環境中，由於西歐生產技術之發達，法國產業資本的活動，及其農民等之努力，法國實業在一八一五年至一八三〇年之十五年中，頗有相當的發展。現在我們就分頭去加以考察。

先看在復古王朝時代，法國的人口有着規律地增加：如在一八一一年法國人口為二九、三五〇、〇〇〇人；一八二一年為三〇、四五〇、〇〇〇人；一八三二年為三二、五七〇、〇〇〇人。二十年中，法國人口增加三百二十二萬人。

同時自一八一五年後，法國紡織工業的進步甚速，尤以毛織業之進步為最。毛織業之中心為阿登納(Ardennes)，為下塞茵區 (la Seino-Inférieure)，為勒老而特 (l'Hérault) 等地方。自一八一四年至一八三〇年，毛織業中所消費的原料，每年自一千萬公斤進步到每年三千萬公斤。單從這原料消費數量之進步上，便可看出法國毛織工業進步的情形。因毛織工業發達，遂有許多新工廠建立。但是，此過多的新工廠的建立，卻變為一八二七年法國發生恐慌的一個原因。當此次恐慌爆發之前夕。法國的棉織工業亦有很大的進步，棉織物輸出價值爲三千五百萬法郎，較之一八二二年之棉織物的輸出價値增加了二倍。在紡紗、織布與染色方面，單在馬爾毫斯一處地方便雇用了四五、〇〇〇名工人，（註一）在里昂之蠶絲業，亦較拿破崙時代爲發達；當一八二七年時，便有二七、〇〇〇名手藝者從事工作，故出品頗多。

除紡織業外，當復古王朝時代，法國的金屬工業亦有很多的進步。在克勒梭的金屬工業不必說，早就有了相當的地位；自一八一八年後，福鄉堡（Fourchambault）的金屬工業開始發達；自一八二二年以來，夏倫登（Charenton）的金屬工業亦有進步。一八二七年時福鄉堡一地之金屬工業中，雇用了二、〇〇〇工人在生產。（註二）同年，法國所產之鐵爲一五四、〇〇〇公噸，鋼五、四八五公噸，但是這個數額是不够法國的消費的。一八三〇年時，法國金屬工業工人人數約爲二五、〇〇〇人左右。至於煤礦業，年產一、五〇〇、〇〇〇公噸，其中有五六〇、〇〇〇公噸產自羅瓦（Loire）區域，八四〇、〇〇〇公噸則產於北部。巴得加萊的煤礦，則當時尙未有大量的發掘。

在復古王朝期間，法國的化學工業亦有所發展。由化學工業之發展，化學工業生產物之價格較前減低，於是此種商品之市場擴大，此種工業在社會經濟上的地位遂逐漸提高。

至當時法國對外貿易，雖因保護關稅政策之限制，(註三)但由於實業發達的結果，亦有常例的進步。像一八一五年法國之對外貿易總額為六二一、〇〇〇、〇〇〇法郎；一八二〇年增至八七八、〇〇〇、〇〇〇法郎；一八二五年又增至一、二〇一、〇〇〇、〇〇〇法郎；一八三〇年更增至一、二一一、〇〇〇、〇〇〇法郎。

當時法蘭西銀行(Banque de France)之銀行事業，亦甚發達，其發達情況，可自下表中見之。

年度	貼現（百萬法郎）	匯票（百萬法郎）	流動金（百萬法郎）	存底（百萬法郎）
一八一四	二〇四	六三	二七	四六
一八二〇	二〇四	三九	一五四	一九五
一八二五	六七八	一〇〇	二一八	一二七
一八三〇	九〇九	一四四	二三四	一四五

至於新式機器之使用，當一八一四年時，法國只有一五個工廠使用了新式機器，而一八二〇年時使用新式機器之工廠使有六五個，一八三〇年時增至六二五個。由此可以看出法國實業革命進步之速度爲如何。在紡織業中，新式機器使用之效益甚大，使用亦隨而普遍化。在熔鐵業中，法國亦於此期中採取了英國的生產方法。一八二七年，舍昆發明管狀蒸汽鍋(la chaudière tubulaire)及生火的吹風器(système de ventilation)，這對於工業及礦業方面都有所貢獻。

在農業方面，此時有新的耕種方法及新的耕種器具介紹進來，於是法國農業產物增加，農業生產上亦有所改進。

在交通事業上，不管是在大路、水道、運河、橋樑等或其牠諸方面，亦均有所修整或改良。於是商旅往來及貨物運輸均稱便利；此有助於產業之發達者不少。

由於新式機器之引用及發明，法國當復古王朝時，在一般事業中的生產手段，無疑地是有了變革，於是就引起了生產方法及生產關係的變革，由而工廠制度也就在家庭手工業及工場手工業的破壞中出現了。

所謂工廠制度者，卽以機器之使用，與用蒸汽（以後爲電氣）爲動力作中心，集合多數勞動者於一個工場之內，在一律的統制之下，作有機的勞動方法是。

工廠制度成立後所引出的結果，其重大者有二：一爲人口集中於都市；一爲資本主義制度之確立。關於人口集中於都市的情形，很容易了解，如當年法國各實業中心地人口之集中的事實，卽爲一實證。

以上所述，爲復古王朝時代法國一般的實業情況。

現在，我們再來研究一下當時社會中之各業勞動者的收入及一般生活必需品的價格，以及社會中大多數人民的生活狀況。

自一八一五年至一八三〇年，法國各業勞動者之名義工資，並無多大的變動。據統計，則在此期中之工資的增加，約爲百分之六至百分之七。如巴黎泥水工人每日的工資，在此十五年中增加之數，不過〇·二五法郎；馬車製造業工人之工資情況，亦復如此。至於通常的日工，在此十五年來之每日工資的增加量，便又只有〇·一〇法郎之數。

馬賽麵包工人之供住供食者，當一八二五年時，每月可得三〇法郎的工資。（註四）巴黎之木器工人，當一八二五年時候，其酬勞以每小時〇・三三法郎計算。克勃棱的普通日工，日得一・一〇法郎；而熟練的玻璃工人，則每月可得自一五〇至二〇〇法郎。岑塞勿爾（Mesvres）的鐵工，有日得二・二五法郎者，亦有在供住宿條件下每年領取年金六五〇法郎者。蒙得龍〔Monthelon（Saône-et-Loire）〕的造紙工人有每月得五二法郎之工資者，同時當地之剃刀廠工人每日可得自〇・七五至二・五〇法郎之工資。

在下塞茵區，當復古王朝之末年，製布工人之工資，每日爲二至三法郎；製帽工人之工資爲二・四五至三法郎；鐵工工資爲二至六法郎；製造模型工人工資最多，爲一二法郎；白鐵工人工資爲一・七五至二法郎；染工工資爲二至二・二五法郎；織工工資爲〇・八〇至一・二五法郎（包括婦童織工工資）；理經線工人工資爲二至二・五〇法郎；繞線女工工資爲〇・五〇至〇・六〇法郎；紡紗工人工資爲一・七五至三・五〇法郎；紡紗女工工資爲〇・七五至一・五〇法郎；紡線工人工資爲一至三・二五法郎；製鎖工人工資爲一・七五至二法郎。

同時，法國各地工資之有高低是很顯見的。如在巴黎的建築工人通常每日可得工資三・五〇法郎，但外省的泥水工人的收入平均不過二法郎一天。製帽工人所得者通常爲二・一五法郎；木器工人所得者亦不過二・一六法郎；均較巴黎工人之收入爲較少。

在一八一九年時，法國農村工人之收入的平均數爲每年三七五法郎。但據丟本(Dupin)在一八二七年時之估計，則爲三五八法郎。同時，據丟本，則農村勞動者與其妻子二人之收入，年約四七七法郎。城市工人每年收入之平均數則爲五四〇法郎，外加工人之妻亦可得一八〇法郎。(註五)

但是，當時一般勞動者階級的生活程度又若何呢？

當時住居於巴黎的每一個勞動者的家庭開銷，包括住屋、飲食、燃料、燈亮等，當一八一〇年時，每年須有八九〇法郎；當一八二〇年時須九五〇法郎；當一八三〇年時須九八五法郎。這就是說，自一八一〇年至一八三〇年，人民生活程度增高了百分之十光景。(註六)

若自各種生活必需品的價格方面去觀察，則知小麥每一百公斤之價格，當一八一七年時爲三六・一六法郎；一八二一年時爲一五・四九法郎；一八二七年時爲一八・二一法郎；牠的最高價比以前時期之最高價爲高，最低價又比以前時期的最低價爲低。同時葡萄酒每一百公升之價格，當一八〇〇年至一八〇八年之平均數爲二六・五〇法郎；一八〇九年至一八一五年之平均數爲三五・五四法郎；一八一六年至一八一九年之平均數爲四〇・六四法郎；一八二〇年至一八二五年之平均數爲三七・三八法郎；一八二六年至一八三一年之平均數爲三四・八五法郎。至於居住所費，當一八二八年時，在巴黎地方，每人每年約須五六・三〇法郎之租金，至其餘各地，每年有十數法郎已足。他如肉類價格，當大革命及第一帝國時代，每磅肉類値〇・二七至〇・五〇法郎；而當復古王朝時代，則每磅價格爲〇・三六至〇・四三法郎。奶油價格，則當復古王朝時，在法國一般地方每磅售自〇・六五至〇・七五法郎；但在巴黎有時須付價一法郎以上。鷄蛋每打，在一般地方値〇・一〇至〇・三〇法郎；但在巴黎之最高價格則爲〇・六三法郎。此外，當一八二三年時，每一百公斤之馬鈴薯的價格爲二・八五法郎。麵包一磅之價格則爲〇・一五至〇・二〇法郎。

依工資與物價比較之結果，則知當第一帝國時代之每一個在巴黎的建築工人工作一小時的酬勞，可以購得鷄蛋一打；但是，在復古王朝時代之情形不同，每一建築工人工作一小時之結果，卻只能購得鷄蛋半打左右。同樣地，以前工人一天的工資所能買得的當時的奶油或番芋，也是比較復古王朝時代之一日的工資所能購得的奶油或番芋的數量爲多。所以，一般地說來，復古王朝時代之物價，較第一帝國時代之物價爲高；工人之名義工資的收入雖然有進步，但是他們的實際工資的收入卻不如從前。在此復古王朝之十五年中，經濟恐慌曾數次出現；如一八一七年之農產歉收，物價的飛漲，即引起社會中的擾亂；當年在上萊茵區域，小麥每一百公升售至八一法郎；巴黎市政府爲維持麪包價格每公斤一·二五法郎之價，就不得不支出二千八百萬法郎以津貼麪包業；而在畢加第地方，因爲當地政府沒有通當的救濟辦法，致麪包價格漲至每公斤售價二法郎，遂不免於發生羣衆搶掠麪包店之紛擾。從此等事實中去觀察，我們不難明悉復古王朝時期一般人民之經濟生活的困苦狀況。

(二)七月王朝時代之社會經濟

且先來看一看當此期中之法國社會經濟之發展的一般狀態。

一八三〇年七月所發生之革命，在法國政制上雖無若大變革，但對於法蘭西的工商業卻有着重大的意義。第一、此次革命之成功，卽表示了法國資產階級在政治上之勝利——以前在政治上佔優勢者爲地主階級——蓋『人民皇帝』路易·斐利浦之得登王座者，全得力於法國之銀行家、實業家及各城市之大小商人的擁護。故路易·斐利浦之統治，不啻爲法國工商階級之統治。此蓋爲實業革命後資產階級在社會中之地位日益重要之必然的結果。其次，經此革命後，法國的外交政策亦以改變；昔之聯俄者，今改爲聯英；聯俄時代之喜侵伐的國策，今改變爲與英國和平相守的外交。在此和平的環境中，故可助其實業的發達。

不過，在七月革命之初，當社會秩序尙未完全恢復以前，法國工商業之進展頗受阻撓。什麼原因呢？因爲革命前後之社會不安，故使法國資金外流，於是影響到實業之暫時的停頓。但至革命結束，社會秩序安定後，法國實業又復向前進展。這個，我們可以從各方面去加以研究。

法國的人口，一八三一年時爲三二、五七〇、〇〇〇人；一八四一年卽增至三四、二三〇、〇〇〇人；一八四八年更增至三五、〇〇〇、〇〇〇人。

在路易·斐利浦統治之十八年中，因生產財富之增加，法國人民之消費數量亦較前增進。如每人每年平均所消費之小麥，一八三一年時爲一百七十六公斤；一八四一年則爲二百零七公斤。對於馬鈴薯之消費，當一八三一年時爲八十公斤；一八四一年時爲一百三十公斤。對於白糖之消費，則當一八三一年時爲二·三公斤；一八四一年時爲二·九公斤。至對於棉花之消費，當一八三五年時爲二八公斤；一八四〇年時爲五三公斤；一八四七年時爲四五公斤。對於羊毛之需要，一八三一年爲四公斤；一八四〇年爲一三·五公斤；一八四七年爲一六·五公斤。而對於蠶絲之消費，則當一八三一年時爲一四·四公斤；一八四〇年時爲一四·七公斤；一八四七年時爲一六·七公斤。

摩爾德瓊司（Moreau de Jonnès）在其實業統計中（註七）估計路易·斐利浦統治之末年的法國工業生產數額爲四、〇三七、〇〇〇、〇〇〇法郎。其中有四四五、〇〇〇、〇〇〇法郎爲毛織業生產價值；三七四、〇〇〇、〇〇〇法郎爲鐵工業生產價值三五五、〇〇〇、〇〇〇法郎爲絲織業生產價值八五一、〇〇〇、〇〇〇法郎爲麻織業生產價值；三三四、〇〇〇、〇〇〇法郎爲棉織業生產價值；一五四、〇〇〇、〇〇〇法郎爲製糖業生產價值。

在農業生產方面，此時亦有進步；尤其是在穀類與馬鈴薯方面，生產數量有很多的增加。如在復古王朝時，每年生產不過五、五〇〇、〇〇〇、〇〇〇公斤；而在一八四一年時，生產數量增至一一、七〇〇、〇〇〇、〇〇〇公斤。

同時，關於白糖的製造，當一八三一年時，產量爲七、〇〇〇、〇〇〇公斤；至一八四七年則產量增至五二、三〇〇、〇〇〇公斤。關於煤的開採，一八三九年之產量爲三、〇〇〇、〇〇〇公噸；一八四七年之產量則有五、一五三、〇〇〇公噸。故在煤礦業中工作的勞動者，遂從一八三〇年之一五、〇〇〇人之數增至一八四七年之三五、〇〇〇人之數。但，法國對於煤之消費，則超於其本國所產；計一八三九年之煤的消費數額爲四、一八〇、〇〇〇公噸；一八四七年之消費量爲七、七四九、〇〇〇公噸。在鐵鑛業方面，一八三三年之產鐵量爲七一四、〇〇〇公噸；一八四七年產鐵一、六五八、〇〇〇公噸。當一八三〇年法國有高熱度熔爐（使用焦煤者）二九個；一八四六年即增至一〇六個；所煉之鐵當一八三〇年時爲二二五、〇〇〇公噸，一八四六年時增至五九二、〇〇〇公噸；所出之鋼當一八三〇年爲一四八、〇〇〇公噸，一八四六年增至三九〇、〇〇〇公噸。於是克勒梭、福鄉堡等地即成爲鐵工業中心地，人口亦行增加。統計當一八三〇年從事鐵工業之勞動者爲二五、〇〇〇人；一八四七年增至三八、〇〇〇人。

此時機器之使用更形推廣，一八四〇年法國使用機器共二、五四〇架，有三三、〇〇〇馬力；一八四五年使用機器數量爲四、一一四架，有五〇、〇〇〇馬力；一八四七年之機器使用增至四、八五三架，有六二、〇〇〇馬力。

法國鐵道之建築雖發端於復古王朝，至七月王朝則大爲發展。第一條運輸商品之路線完成於一八二五年，自聖得田以達安得烈柔（Saint-Etienne à Andrézieux）。至第一條輸送旅客的路線，則爲自聖得田至魯安納（Saint-Etienne à Roanne）者，完成於一八三二年。總觀法國鐵道事業之發展情況，知於一八三五年時，法國共有鐵道一五〇公里，但至一八四〇年時，增至四三五公里；一八四五年增至八八〇公里；至一八四七年則增至一、八三二公里。

在紡織工業方面，當此期中之進步尤速。農村中的手織工業爲機織工業打倒了。自一八三六年至一八四六年之十年中，機織工業經營數量竟增加了十倍。在阿爾薩斯及勞倫（Alsace et Lorraine）二省的紡錘數量從七〇〇、〇〇〇個增至一、一五〇、〇〇〇個。在諾曼底之紡錘數，亦從一、〇〇〇、〇〇〇個增加到一、八〇〇、〇〇〇個。當時之下塞茵區、上萊茵區、北部、倫尼河區等地爲棉紡織業中心；北部、沙得(Sarthe)、下塞茵區等地爲麻紡織業中心；曼納(La Marne)、阿登納、北部、勒老爾特等地爲毛紡織業中心；至於里昂則仍爲絲織工業中心。當時絲織業方面所使用的手藝者計一八三〇年爲四〇、〇〇〇人至一八四七年則增至六〇、〇〇〇人。

此外，在馬爾毫斯地方的紡織工業中，當一八三四年時，已雇用了九一、〇〇〇名工人，較之一八二七年時之人數，正巧增加了一倍。同時，在聖特馬利奧明納（Sainte-Marieaux-Mines）有二六、七〇〇名紡織工人；在里耳（Lille）附近有二二四、〇〇〇名；在聖昆登(Saint-Quentin)一帶有七五、〇〇〇名常工，並有五〇、〇〇〇名臨時工人；在阿棉（Amiens）地方有四〇、〇〇〇名；在師丹附近有一二、〇〇〇名。

在上述紡織工人之人數中，婦女工人之成分逐年增加。如當一八三五年時，共有女工一九

六、〇〇〇名；一八三九年則增至二四二、〇〇〇名之數。在棉織業中，她們的人數佔據總數之百分之五六·五；在毛織業中，她們佔據百分之六九·五；在絲織業中，她們所佔之百分數爲七〇。

關於法國當時之對外貿易數額，則有如下表所示。

年代	輸入（單位百萬法郎）	輸出（單位百萬法郎）	總數（單位百萬法郎）
一八二七至一八三六年（每年平均數）	四八〇	五二五	一、〇〇五
一八三七至一八四六年（每年平均數）	七七六	七一三	一、四八九

此外關於當時法國全國人民之遺產數額，亦可列成簡表如次（單位百萬法郎）。

	一八三〇年	一八三五年	一八四〇年	一八四七年
遺產總額	一、四五一	一、五三九	一、六〇八	二、〇二五
動產價值	五〇八	五五四	六〇九	七八四

以上所述，爲七月王朝時代法國社會經濟之發展的一般狀態。

現在，我們再來研究一下當時的工資、物價以及人民的生活情形。

據維勒麥(Villermé)之統計，（註八）當一八三五年至一八三六年期間，馬爾毫斯之紡紗工人工資，每日可得二至三法郎；織布工人每日可得二・五〇至三法郎。

在聖馬利奥明納(Saint-Marie-aux-Mines)地方，織工每週可得工資九法郎；女帽工可得七至八・五〇法郎；印刷工可得一二至一八法郎；普通幫工可得八至一一法郎；童工可得一・五〇至四法郎。

在里耳(Lille)地方工人每日之工資則為：小粉工人一・五法郎；男織工一・五〇至一・七五法郎；女織工一法郎；白鉛工人一・五〇至二法郎；漂白工人一法郎；製女帽工人二至二・二五法郎；製鍋工人四・五〇至五法郎；製帽工人一・五〇法郎；木工二・二五法郎；花邊工人〇・六〇至一・二五法郎；紡麻男工一・五〇法郎；紡麻女工一至一・二五法郎；紡棉紗男工二・五〇至三法郎，女工〇・七五至一・七五法郎；紡毛男工二・五〇至三・五〇法郎，女工〇・五〇至一・二五法郎，童工〇・四〇至〇・五〇法郎；熔鐵工人四・五〇法郎；布匹印花工人三法郎，女工一・五

○至二·五○法郎，童工○·五○至○·六○法郎；染色工人一·八○至二·五○法郎。

在魯昂之各業勞動者之每日收入可列成簡表如下（單位法郎）。

職業	工資	職業	工資
木工	二·四五—三	理經線工	二—二·五○
鐵工	二—六	繞線女工	○·五○—○·六○
製模型工	五—六	紡紗男工	一·七五—三·五○
白鐵工	一·七五—二	紡紗女工	○·七五—一·五○
染工	二—二·二五	紡線工	一—三·二五
織工（婦女與童工）	○·八○—一·二五		

在需姆地方，工人每日收入則爲（法郎爲單位）：

職業	工資	職業	工資
拉毛男工	一·五○—三	拉毛女工	一·二○—一·四○

檢毛女工	〇·九〇	紡毛（已梳理）工	二·二五—三
紡毛（已梳理）女工	一·七五—二	打包女工	一—一·七五
梳毛女工	一·五〇	紡毛工	四·四〇—四·七五
日常粗工	一·七五		

在師丹織物業中之工人每日收入則如下表（單位法郎）。

工人類別	工資（以日計算者）	工資（以年計算者）
成年男工	一·五〇—二·五〇	四五〇—一、〇五〇
成年女工	〇·五〇—一·六五	一五〇—六〇〇
未成年工人	〇·四〇—一	一二〇—五一〇

在亞琛地方，則工資常以星期計算。當地之紡毛（已梳理）男工，每週可得一二至一八法郎，紡毛（已梳理）女工，每週可得四至一〇法郎；紡棉男工，每週可得一〇至一二法郎；紡棉女工，每週可得五至六法郎；織絨工人，每週可得九至一四法郎；織毛男工，每週可得七至九法郎；織毛女工，

每週可得六至七法郎。

在里昂之絲業工人，據維勒麥，則每日所得工資在一至三法郎之間。

在阿維弄之絲織工人，男子每日所得爲一·七五至二·五〇法郎；女子所得爲〇·九〇至一五〇法郎。

在尼姆斯之織工每日可得三法郎；而印花工人則可得四·五〇法郎。

在魯安納之男工，每日可得二至二·五〇法郎；女工可得〇 八〇至一法郎。

同時，在聖得田之綢帶工人，每日可得一至二法郎；馬賽之皮匠與麵包匠每日可得二·五〇至三法郎；都龍（Toulon）之軍火工人每日可得一·五〇至三法郎；蒙白利一般工人工資爲一七五至三法郎；加卡松納男子工人工資爲一·五〇至二法郎，女工工資爲〇·六〇至〇·八〇法郎，而童工工資則爲〇·四〇法郎左右。

在克勒梭地方金屬工人工資日約二·三〇法郎；而當一八四四年時法國礦工工資則爲二·〇九法郎。（註九）

此外，據一八四二年法國國家統計公報，則在里摩吉(Limoges)之製繩業中，男工日得一·五〇法郎，童工日得〇·四〇法郎。紡紗業中之男工可得一·二〇至一·五〇法郎，女工可得〇·六〇至一法郎，童工可得〇·三五至〇·七五法郎。磁器業中之男工，每日工資爲二·五〇至三法郎，女工工資爲〇·七五至一·二五法郎，而童工所得卻只有〇·五〇至〇·七五法郎。

同時，在上維因省之採石勞動者之收入的平均數爲：男工〇·七九法郎，女工〇·六六法郎，童工〇·四五法郎；在法國西南二十一省之採石工人工資之平均數則爲：男工一·七二法郎，女工〇·九七法郎，童工〇·九七法郎。至在此二十一省中玻璃工人工資之平均數則爲：男工三·二五法郎，女工〇·七九法郎，童工〇·八六法郎。

在法國西南十一省之製鐵工人之工資的平均數爲：男工二·二三法郎，女工〇·七九法郎，童工〇·九三法郎。在熔鐵工程方面，則男工工資爲四·二〇法郎，女工二·三五法郎，童工一·一〇法郎。

至在磨穀業方面，在法國西南二十一省地方之工資平均數爲：男工一·五〇法郎，女工〇·

七四法郎，童工〇・五六法郎。同時，在此二十一省之其牠各業的工資平均數，則可製成簡表如下（單位法郎）。

工別	蒸酒工	印刷工	織棉織麻工	紡毛工	繅絲工
男工	二・一九	二・三六	一・五三	一・五八	一・三一
女工	一・〇三	一・〇七	〇・六三	〇・七七	〇・六八
童工	〇・六四	〇・七二	〇・四〇	〇・四二	〇・五六

更據一八四五年之法國統計公報，則關於當時各區域之各種職業之勞動者的收入，亦可作成簡表如下（單位法郎）。

（1）亞珉區之各業工資表

工別	印刷工	織絨工	織工
男工	一・一二	一・五〇	一・五〇五

女工	○·五○—一·五○	○·六五—一·四○
童工		○·六五—○·七五

(2)魯昂區之各業工資表

工別	印刷工	紡棉工	染工	織工
男工	一·五○—三	一·七五—三	二—三	○·九○—一·五○
女工	○·七五—一·五○	一—一·六○	一·五○	○·六○—一
童工	一	○·五○—一	一	

至在依勿多區(Arrondissement d'Yvetot)之織工工資男工爲○·八○至一·二五法郎，女工爲○·四○至一法郎，童工爲○·一五至○·九○法郎。在聖里區(Arrondissement de Senlis)之塑型工人之工資爲：男工一·五○至三法郎，女工○·七五至一·二五法郎，童工○·五五至一法郎。在格勒諾白區(Arrondissement de Grenoble)之紙業工人之工資爲：男工一·五○至三·

五〇法郎；女工〇・七五至二法郎，童工〇・四〇至一法郎。而在當地之手套業中之工資則爲：男工二・五〇至三法郎，女工〇・八五至一法郎。在阿來區（Arrondissement d'Alais）之礦工每日可得二・五〇至五法郎之數。當地繅絲業所用男工之工資爲二至二・二五法郎，女工工資爲一・五〇，童工工資爲〇・七五至〇・八五法郎。至在聖得田區之礦工工資，男工可得二至二・五〇法郎，女工亦可得一法郎。而當地製鐵業之男工，則每日可得一・五〇至七法郎之工資。他如里昂城市之印刷業工人工資，男工爲二・五〇法郎；童工爲〇・五五法郎。而織絨工人之工資，則爲一・五〇至四法郎。

最後，據一八四七年之法國統計公報，則關於法國東北一帶各地各業之工資概況，亦可製成簡表如下。

（1）里耳區之各業工資表（單位法郎）

工別	男工工資	女工工資	童工工資
製鐵工	一・五〇—三・五〇		

製糖工	一—二	〇·六五—一	〇·五〇—一·一〇
紡麻工	一·二五—二	〇·六五—一·五〇	〇·三五—〇·七五
織麻工	一·二五—三	〇·四〇—一·二五	〇·二〇　〇·六〇
紡棉工	一·五〇—三	一·二〇—二	〇·六〇—一
織棉工	一·五〇—二	〇·七五—一	〇·二五—〇·五〇
紡毛工	二—三	一—一·三〇	〇·五〇

(2)法國各地工資（平均數）統計表（單位法郎）

地別／工別	男工	女工	童工
都白	二·一五	一·二三	〇·七八
曼納	二·一三	一·二〇	〇·七二
尼爾勿爾(Nievre)	一·九五	〇·九六	〇·八二
上萊茵	二·〇三	一·一二	〇·六〇
安斯納(Aisne)	一·八三	〇·八六	〇·六四
北部	一·七五	〇·八六	〇·六四
巴得加萊	二·〇一	〇·九〇	〇·五七
阿登納	二·一九	〇·九九	〇·七九

（3）巴黎各業工資統計表（單位法郎）

業別	工資	業別	工資	業別	工資
珠寶	四	女衣	一·二五	傢具	三
金銀首飾	五	背心	一·七五	女帽	一·二五
洗衣	二·二五	紅木	二·五〇	漆工	三·五〇
屠宰	三	白鐵	三·七五	裝釘	三
麵包	四	製花	一·五〇	製鞋	三·五〇
刺繡	一·五〇	銀匠	四·五〇	裁縫	四·五〇
製車（華貴車）	二·七五	鐘表	三·五〇	製桶	三·五〇
製帽	三	印刷	四	地氈	四
木工	四	顏彩	〇·九〇	染色	三·五〇
製絲	三·五〇	泥水匠	四	皮匠	二·五〇
利器	二·七五	馬蹄鐵	二·五〇		

以上所述，爲七月王朝時代法國一般工人之收入狀態。但是當時的生活情形又若何呢？

由於各種生活必需品價格之提高，故在七月王朝時代之生活程度爲高。如牛肉一磅，以前在都白蒙勃朗及安得爾等處，其售價爲〇·四二法郎、〇·三三法郎及〇·二六法郎者，在路易·斐利浦時代則非〇·四六法郎不能購得。又如豬肉一項，其價格之增漲，更較牛肉爲多。他如奶油之價，自一八二四年至一八四四年漲了百分之一二。馬鈴薯每一百公斤之價，當一八二四年至一八三三年時，爲二·八七法郎；一八三四年至一八四三年時，則爲三·一七法郎，而一八四四年至一八四八年時，更漲至四·二五法郎。至於雞蛋每打之價格，以前在有些省份可以用〇·一二或〇·一〇法郎購得者，當一八二四年至一八四三年時，在巴黎便非〇·六四法郎不能買得。所以如住居於巴黎的每一工人家庭，在居住、飲食、燃料、燈亮各方面的開銷，當一八四〇年時便須九五〇法郎；一八五〇年時，則爲一、〇六〇法郎。即以每年開銷九五〇法郎爲例，則在一年當中勞動者至少須工作三百日，而每日之工資又必須有三·一七法郎方纔可以平衡過去。不然的話，生活就要發生困難了。可是，當時能夠得到三·一七法郎一天的勞動者是不多的，在一八四四年調查二十七種職業中之男工的工資，就有十種職業的男工工資不及此數。於是爲生活的驅使勞動工人的妻及其子女等人就不得不參加工作。然而，這個婦女與童子之參加工作，結果是極其悽慘的。爲什麼呢？因爲自從婦女與兒童走入工廠後，一方面他們便成爲成年男工的競爭者，男子勞動地位常爲婦童所奪取；同時，工廠多用婦童，則成年男工之供給必形過剩，遂使工資降落；此外，婦女童子一入工廠，則一般的勞力之價值亦因而減低；最後，因婦女之不能完全施行在家內做母親的任務，致使兒童之死亡率激增。但是，這還是在有婦女或童子可以工作的勞動者家庭中之生活。可是如其勞動者是一個鰥夫而帶領得有幼孩者，或有妻而不能工作者，或未結婚但有幼年親族須由其撫養者，則其生活便常爲飢餓線上的生活了。

在此種悲慘境遇中，早就種植了社會不安的根苗，同時由於實業革命後機器之普遍地使用，和資本之發達，尤使此種不安變爲嚴重。結果就引起了聖西蒙（Saint-Simon）、傅利耶（Fourier）、普魯東（Proundhon）、路易白郎（Louis Blanc）等人之社會主義學說之流傳。這一切都是可以從一八四八年二月之法國革命中看出來的。同時，自一八四八年之二月革命爆發後，所謂七月王朝的朝代，也就完結了。

(註一)據維勒麥(Villermé)之 Tableau de l'Etat Physique et moral des ouvriers 見保羅・路易前揭書四九頁。

(註二)據勒凡色(Levasseur)之 Histoire des Classes ouvrières.

(註三)見保羅・路易前揭書四九頁。

(註四 據一八九九年法國勞工部之調查。

(註五)見保羅・路易前揭書五一—五二頁。

(註六)見一九一一年之法國統計公報。

(註七)見摩魯德瓊司(Moreau de Jonnès)之 Statistique de l'Industrie.

(註八)見維勒麥前揭書。

(註九)見西米安(Simiand) Salaire des ouvriers de mines de charbon en France, Paris, 1907.

第六章　第二共和與第二帝國時代之法國社會經濟

——自一八四八年至一八七〇年——

一八四八年之二月革命結束了路易·斐利浦之七月王朝。自革命至當年的六月尾間，爲革命潮流囂張時期。自一八四八年十二月十日——路易·朋拿巴特（Louis Bonaparte）當選總統——一八五二年，第二共和經政變而改爲第二帝國——直至一八七〇年九月四日爲止的二十二年中，爲路易·朋拿巴特之統治時代。現爲便利起見將這一期段的法國社會經濟分作兩部分來研究。

（一）第二共和時期之法國社會經濟

先從人口方面去觀察。

在此期段中之法國人口，續有增加，由於實業發達之結果，各大城市之人口，更趨集中。一八四一年時，法國人口總數為三四、二三〇、〇〇〇人至一八五一年便增加到三五、八〇〇、〇〇〇人。而當時巴黎人口便已增至一、〇五三、〇〇〇人；里昂人口為一七六、〇〇〇人；馬賽人口為二〇〇、〇〇〇人；博都有一二七、〇〇〇人；里耳有一〇一、〇〇〇人。

同時，各部門實業中之勞動者人數，亦較前增多。如摩魯德瓊司之所估計，當一八五〇年時，法國紡毛業中所使用之工人數，便有一〇〇、〇〇〇人；織毛工人數為一四三、〇〇〇人；梳毛、理毛、研呢、剪毛等工人，不下五七、〇〇〇人；故單在毛織工業方面所使用勞動者數，即有三〇〇、〇〇〇人之衆。（註一）在棉織業方面勞動者人數亦較前增加；計有織布者一八八、〇〇〇人；紡紗者六三、〇〇〇人；連同其他方面所需用的二三、〇〇〇人，故棉織業方面所使用的人數共為二七四、〇〇〇之多。在絲織業方面，則纏絲者有二二、〇〇〇名工人；織絲綢者為一四五、〇〇〇名勞動者，人數較一八一一年之織絲綢者人數，增加了三倍；同時在麻織業方面所雇用的工人，共為五六、八〇〇人。而當年之熔鐵製鐵業方面之工人數，則共有一三五、九〇〇人。總之，據摩魯德瓊司之計算，當時法國各部門實業所雇用的人數，共為一、二〇二、五〇〇人；內中包含成年男工七五七、四五〇人女工二八八、五五三人及童工一五六、二九七人。故單從實業界所使用的人數之增加一點上看，便可看出當年法國工業組織之規模的逐漸擴大。

同時自工業原料品之消費數量的增加及使用機器數目之長進二點上去看，也可以看出當時法國之經濟發展的程度。如在棉花的消費方面，一八四七年消費棉花四七、一〇〇、〇〇〇公斤，一八五一年之棉花消費額卽爲五八、四〇〇、〇〇〇公斤；在羊毛之進口數量上，一八四七年爲一五、六〇〇、〇〇〇公斤，一八五一年則爲一八、〇〇〇、〇〇〇公斤；在生絲之入口方面，一八四七年有六一、七〇〇公斤，一八五一年則增至一九一、五〇〇公斤。至在機器使用之數量方面，法國於一八四七年使用機器四、八五三架，一八五一年使用機器五、六七二架；機器所代表之馬力，一八四七年爲六二、〇〇〇，一八五一年則爲七一、〇〇〇。

至在農礦各業方面，則其生產數量顯有進退。今依統計（註二）製成簡表如下。

年度	小麥（單位百公升）	煤（單位千公噸）	生鐵（單位千公噸）	鋼鐵（單位千公噸）
一八四六	六〇、七〇〇、〇〇〇	五、一〇〇	五九二	三九〇

一八四八	八八、〇〇〇、〇〇〇	四、〇〇〇	四七二	二八三
一八五〇	八八、〇〇〇、〇〇〇	四、四〇〇	四〇六	二五七
一八五一	八六、〇〇〇、〇〇〇	四、五〇〇	四四六	二六八

在對外貿易方面，一八四七年之輸入數額爲九五六、〇〇〇、〇〇〇法郞；輸出爲七一〇、〇〇〇、〇〇〇法郞；總額爲一、六七六、〇〇〇、〇〇〇法郞。一八四八年因革命之騷擾故貿易數量大減，計輸入爲七七四、〇〇〇、〇〇〇法郞；輸出爲六九〇、〇〇〇、〇〇〇法郞；總共一、一六四、〇〇〇、〇〇〇法郞較上年減少五一二、〇〇〇、〇〇〇法郞。一八四九年貿易數額回向上升，計輸入爲七二四、〇〇〇、〇〇〇法郞；輸出爲九三八、〇〇〇、〇〇〇法郞；總數爲一、六六二、〇〇〇、〇〇〇法郞。至一八五一年，則大形增加，尤以輸出數量之增加爲多，計當年之輸入爲七六五、〇〇〇、〇〇〇法郞；輸出爲一、一六八、〇〇〇、〇〇〇法郞；總數故爲一、九二三、〇〇〇、〇〇〇法郞，較一八四九年之貿易總額，增加二六一、〇〇〇、〇〇〇法郞。

在法蘭西銀行之貼現方面，計一八四七年貼現一、八一七（百萬法郞）；一八四八年貼現

一、五四五（百萬法郎）；一八四九年貼現一、〇二〇（百萬法郎）；一八五一年貼現一、二四七（百萬法郎）。同時，在遺產的繼承數量方面，計一八四七年為二、七〇〇（百萬法郎）；一八四九年為二、五〇〇（百萬法郎）；一八五一年為二、四〇〇（百萬法郎）。

此外，法國自從復古王朝時代實現了實業革命後，在七月王朝時，大規模的工業逐漸普遍化，尤以一八四〇年以來之進步為速。因為生產與消費之不能平衡，以致所謂週期的經濟恐慌遂接踵而至。一八四七年的經濟恐慌，影響了一八四八年的政治革命；而一八四八年之政治革命，更破壞了當時社會經濟的安全。於是，自從二月革命後，法國國內資金有不少向外國流出，致使生產事業之一部分不得不暫行停頓，結果便產生大羣失業工人，如當一八四八年七月，在里耳地方之麻織業中，四十萬紡錘便有十六萬四千個停止工作。又如在加萊（Calais）之織綢帶的女工，當時就有好幾千人失業；即幸而在業者，每日工資亦不過〇·二五法郎。在聖昆登地方，有三分之二的工人失業。在爾白夫地方之失業工人，竟達當地工人人數之十分之九。在師丹，在聖得田等地，則在業工人不及三分之一。在雷勿得居埃（Rive-de-Gier）之玻璃業中，三十七個爐子中之二十七個不能舉火。在里昂的絲業也現荒涼景象。在巴黎一切實業，亦均僵化；雖然當時之革命政府曾有國家工場之設置，但其效果不佳。故在此經濟與政治之恐慌中，法國工業生產總值由一八四七年之一、四六三（百萬法郎）降至一八四八年之六七七（百萬法郎。）而失業工人總數，則有十八萬六千人之多。

以上所述爲第二共和時代法國社會經濟概況。但是當時社會中大多數人之實際的生活情形如何呢，這又須從當時之工資及物價方面去觀察。

先看當時各地方各業工人之工資。

在安斯納地方之紡織業中，男工每日得〇·六五至二·五〇法郎；女工〇·八〇至一·二五法郎；童工〇·五〇至〇·七五法郎。而當地之製糖工人，男工每日得一·二五法郎；女工〇·六〇法郎；童工〇·五〇法郎。

在阿里爾（Allier）地方之建築工人，每日可得二至三法郎；皮鞋匠則得一·二五至一·五〇法郎。

在阿登納地方之五金業中，男工每日可得一·二五至二·一七法郎；女工〇·七五至一·一〇法郎；童工〇·五〇至〇·六〇法郎。至當地紡織業中之男工，每日可得一·二五至一·五〇法郎；女工〇·五七至一·五〇法郎；童工〇·三五至〇·六〇法郎。而當地之石板工人，則日得二至四法郎。

在奧白地方之製女帽工人，男工每日可得〇·七五至一法郎；女工〇·三〇至〇·四〇法郎；童工規定〇·二五法郎。

在阿勿龍(Aveyron)地方之製桶工人。男工每日工資爲一·七五至二法郎；女工爲〇·七五至一·二〇法郎，童工爲〇·六〇法郎。至當地之礦工收入，則男工可得一·七五至四法郎；女工一·六〇至二法郎；童工〇·七五法郎。

在卡爾伐多地方之陶工，每日可得一·五〇至二·五〇法郎。而當地之紡織工人之工資則爲男工〇·七五至二法郎；女工〇·七五至一·二五法郎；童工〇·四五至〇·八〇法郎。

在夏倫特地方之製紙業中，男工每日工資爲二法郎；女工一法郎；童工〇·五〇法郎

在德路姆(Drôme)之繅絲業中，男工每日工資爲一·五〇至三法郎；女工〇·六〇至一·二

〇法郎；童工〇·四〇法郎。

在加爾（Gard）之纏絲業中，男工每日得一·五〇至二法郎；女工一至一·四〇法郎；童工〇·五〇至〇·七五法郎。

在猶拉（Jura）之玩具工人之工資，男工得二法郎；女工〇·七五法郎；童工〇·七五法郎。

在魯瓦區之絲帶業中，男工日得三法郎；女工一·二〇法郎。在絲絨業中，男工工資為二法郎；女工一·一五法郎。在武器業中，男工工資為三·五〇法郎；女工一法郎。在採礦業中之礦工，則日得三法郎。

在魯安納之紡紗業中，男工日得二至二·五〇法郎；女工一至一·一〇法郎；童工〇·五〇至〇·七五法郎。

在門納魯瓦區（Maine et Loire）之紡織業中，男工日得一至二法郎；女工〇·二〇至一法郎；童工〇·四〇至〇·五〇法郎。

在曼納區，織布男工日得一·七〇至二·七五法郎；女工〇·七五至一·一〇法郎。製衣男工日得三法郎；女工一・五〇法郎；童工一法郎。而在葡萄園中工作者，男工日得一・七五法郎；女工一・〇法郎。

在麥得（Meurthe）一帶之玻璃工人男工每月工資為一四〇至二四〇法郎；女工二〇法郎；童工一八法郎。

在摩塞爾地方之五金工人，每月可得五〇至七〇法郎。礦工每日得一・五〇法郎。建築工人二・五〇至三法郎。

在巴德加萊之製糖業中，男工日得一至一・五〇法郎；女工〇・五〇至〇・八〇法郎；童工〇・二五至〇・七〇法郎。在織物業中，則男工日得〇・七五至一・二五法郎；女工〇・二〇至〇・七五法郎；童工〇・二五至〇・五〇法郎。而當地之皮匠收入男工為一・五〇法郎；女工一法郎；童工〇・五〇法郎。金屬工人收入則為一・二五至三法郎。

在白依得道姆（Puy-de-Dôme）地方之建築業工資為一・二五至一・五〇法郎；花邊業女工收入為〇・三〇法郎；紡織業之男工收入為一・二五至二法郎；女工收入為〇・一五至〇・二五

法郎。

在下萊茵區之紡紗業中，男工日得一·五〇至二法郎；女工〇·八〇至一法郎；童工〇·五〇至〇·七五法郎。當地之五金工人，日得二至三·一五法郎。製布鞋工人日得一·五〇法郎。

至在倫尼河一帶之工資統計，則可列表如下（單位法郎）。

工別	男工工資	女工工資	童工工資
玻璃工	三—五		
建築工	二·二五—二·五〇		
製帽工	一·八五—二·五〇		
採石工	一·五〇—三		
製花及女帽工	二·五〇	一·二五	〇·五〇
皮匠	二		
珠寶工	三		

鈕扣工	二·五〇		
硝皮工	二·五〇		
織絨工	一·五〇—二·五〇	一—一·二五	
印花工	三·七五	一	〇·五〇

在松尼(Saone)和魯瓦(Loire)之礦工，日得二·五〇至三·一〇法郎；熔鐵工一至六法郎；採石工二·五〇至三法郎。

在上松尼一帶，熔鐵工日得一·五〇至五法郎；織布工日得一法郎。

在巴黎之各業工資平均數，則可自下表見之（單位法郎）。

業別	工資（男）	工資（女）	業別	工資（男）	工資（女）
印刷	四·一八	一·七五	製車	三·八六	一·二七
首飾	四·一七	二·〇四	建築	三·八二	一·四三
五金	三·九七	一·七一	化學	三·七一	一·四八

女用	三·九四	一·八三	飲食	三·五〇	一·六八
傢具	三·九〇	一·七八	織物	三·四二	一·四六
皮革	三·八七	一·二四	衣服	三·三四	一·六二

在梭姆(Somme)一帶之紡織業中，男工每日可得二至二·五〇法郎；女工〇·八〇至一·一〇法郎。製鎖工人日得一·五〇法郎；製女帽工人日得一法郎；製糖工人一·二五至一·五〇法郎；土煤工人一法郎。

在勿奧克柳司(Vaucluse)地方之絲織工業中，男工日得一·二五至一·七〇法郎；女工〇·七〇至一·五〇法郎；童工〇·六〇至〇·九〇法郎。當地之建築工人則得二·七五法郎；印刷工人二·二五法郎。

在上維因之建築業中，工人日得一·五〇至二法郎；當地之磁器業中工人日得二至六法郎；織法蘭絨工人日得一·七五至二法郎。

在容納(Yonne)之運木男工日得一·五〇至二·五〇法郎；女工一·二五法郎；童工〇·七五

法郎。當地之熔鐵工人工資則爲一·五〇至二·五〇法郎；礦工與採石工工資則爲一·七五至三法郎。

至在勿奧斯吉(Vosges)地方之各業工資，則可列成簡表如下（單位法郎）：

業別	工資（男）	工資（女）	工資（童）
建築	一—三		
熔鐵	一·七〇—三	〇·九〇	〇·四五
刺繡		〇·三〇—〇·九〇	〇·二〇—〇·四〇
紙張	一·八五	〇·九〇	〇·五〇
紡紗	一·五〇—二	〇·九五—一·七五	〇·四〇—〇·五五
織布	〇·九〇—一·五五	〇·六〇—〇·九五	〇·四〇—〇·八五
麻紗	一·二〇	〇·五〇	〇·二五

最後在農業生產方面之工資，當一八五〇年時，計男工每日可得一·五〇法郎；女工〇·七五

法郎；童工〇·二五法郎。（註三）

以上所述為第二共和時代之各業勞動者之收入現在再來研究當時社會中之生活程度。

當一八五〇年時，在巴黎之每磅肉類值〇·四九法郎；奶油一磅售價〇·五六法郎；雞蛋一枚售價〇·〇五法郎；麪包二公斤售價〇·五二法郎；燈油一磅售價〇·五八法郎；葡萄酒每公升售價〇·五九法郎；牛奶每公升售價〇·一八法郎。

當一八五一年時，巴黎之肉類每一公斤售價〇·九二法郎；豬肉一公斤售價一·四五法郎；奶油一公斤售價一·九一法郎；鮮魚一公斤售價〇·七六法郎；家禽一公斤售價一·四八法郎；雞蛋一枚售價〇·〇四九法郎；乳餅一公斤售價一·二五法郎；馬鈴薯一公斤售價〇·〇三二法郎；食油一公升售價一·三九法郎；醋一公升售價〇·三八法郎；酒（普通）一公升售價〇·四八法郎；鹽一公斤售價〇·二五法郎；柴每一立方公尺售價一六至六四法郎；木炭一公噸售價三·八二法郎；煤一公噸售價二七·九〇法郎；燈油一公升售價一·二二法郎；蠟燭一磅售價三·四五法郎。

於是，如工人每日之能得四・一八法郎之工資者，如當時之印花及刻花工人，便能購得一六公斤之麵包，或四、二五〇公分之肉類，或三、七〇〇公分之奶油，或八四枚雞蛋。

又如五金工人或機器工人之能得三・九八法郎之收入者，便能購得一五・二〇公斤之麵包，或四、〇〇〇公分之肉類，或三、五五〇公分之奶油，或八〇枚雞蛋。

而食品工業中工人之領取三・五〇法郎一日之工資者，則其購買力爲一三・五〇公斤之麵包，或三、五〇〇公分之肉類，或三、三六〇公分之奶油，或七〇枚雞蛋。

至如巴黎製衣業中工人之工資爲三、三四法郎者，則其購買能力又爲麵包一三公斤；或肉類三、四〇〇公分，或奶油三、〇〇〇公分，或雞蛋六七枚。

總之，當時之食物價格，雖較一八四〇年代爲低，但因實業發達，人口集中於都市，致使房租較前增高；而其增高之數，又復超過由食品諸項下所節省之數，故一般的生活程度，實較以前爲高。如在一九一一年所印行之法國統計公報所載，即可證明此種情形。今依統計數字，作成簡表如下（單位法郎）。

年度	飲食燃料燈亮等開銷	房租	總數
一八三〇	九八五	一四五	一、一三〇
一八四〇	九六六	一七五	一、一三五
一八五〇	九五〇	二〇〇	一、一五〇

（上列統計，爲巴黎木工家庭每年生活費用之數字。）

（二）第二帝國時期之法國社會經濟

自一八五二年至一八七〇年爲第二帝國時代，法國總統路易·朋拿巴特改號拿破崙第三。法國在此時期內因爲工業、商業、交通運輸業，以及各種生產事業方面，都很發達。法國在此時期中的人口總數，人口集中於都市之趨勢，及各生產業中之從業員的數目，則見下面所作的分析。

當一八五二年至一八七〇年之十八年中，法國人口總數自三千六百萬人數增加到三千七百五十萬的數量；一共增加了一百五十萬人。

同時各大城市人口數量更形增加；如巴黎人口便由一八五一年之一百零五萬三千人，增至一八七〇年之一百七十五萬人，一共增加了七十萬人。又如里昂之人口在一八五一年為十七萬六千人至一八七〇年便增至三十二萬人，一共增加了十四萬四千人。而馬賽在一八五一年時之二十萬人口到了一八七〇年卻有三十萬人，也就增加了十萬之數。至於博都方面一八五一年時人口為十二萬七千人，一八七〇年便增至二十萬人，一共增加七萬三千人。此外，新發展之工業城市勒阿勿爾（Le Havre）當一八七〇年也就有了七萬五千人的居民。這些大都市之人口的增加，一方面固然是由於人口總數增加的緣故，可是那主要的原因卻為實業發達，農民離開農村而向都市集中的緣故。

據一八六六年之統計，法國於各種事業方面之從業員人數，一共有一千五百一十九萬二千七百六十三人，約佔其全人口之百分之四十。在這許多從業員人數中，從事於漁業、農業及森林業者，共有七、二三一、六八三人；從事於各種實業者有四、七一五、八〇四人；從事於商業者有九七

二、七九三八人；從事於自由職業與爲公共服務者共有九九、三六五人；供役於家庭者有一、二七三、一一七八。

若單從實業方面去看，則從業於各種實業之人數，有如下列。

業別	人數	業別	人數
礦業	七八、三一一	造紙及橡皮工業	二五、一三六
食品工業	三〇八、四五一	書業	三七、七一七
化學工業	四八、九七一	紡業	一、〇七一、三八四
織業	七七一、四八四	建築業	四四三、四〇九
皮業	二八五、六一六	燒土燒石業	一一〇、四五三
木業	六七一、二一九	運輸業	二三七、五三四
五金業	三四五、三〇〇	銀行及保險業	四六、九二七

現在我們再來考察法國當第二帝國時代之生產與交易的情形。關於此，我們可以利用各種

的統計表格來幫助我們的說明。（註四）

先看此一期段中法國煤之產量表（單位千公噸）。

年度	產量	年度	產量	年度	產量
一八五二	四、九〇四	一八五九	七、四八三	一八六五	一一、〇〇〇
一八五三	五、九三八	一八六〇	八、三〇四	一八六六	一二、二六〇
一八五四	六、八二七	一八六一	九、四二三	一八六七	一二、七三九
一八五五	七、四五三	一八六二	一〇、二九〇	一八六八	一三、二五四
一八五六	七、九二六	一八六三	一〇、七一三	一八六九	一三、四六四
一八五七	七、九〇二	一八六四	一一、二四六	一八七〇	一三、三三〇
一八五八	七、三五三				

由上列統計表中，知法國煤之產額，自一八五二年至一八七〇年，約增加三倍；如以其產物之價格相比較，則一八五二年之產額，照當時之價格，約值四千四百萬法郎；而一八七〇年之產額，以

當時之價格計之，則值一億五千六百萬法郎；故在價值上之比較約爲四對一之比。

其次且看當時鐵礦之生產數量（單位千公噸）。

年度	產量	年度	產量	年度	產量
一八五二	五二三	一八五九	八六四	一八六五	一、二〇四
一八五三	六六一	一八六〇	八九八	一八六六	一、二六〇
一八五四	七七一	一八六一	九六七	一八六七	一、二二九
一八五五	八四九	一八六二	一、〇九一	一八六八	一、二三五
一八五六	九二三	一八六三	一、一五七	一八六九	一、三八一
一八五七	九九二	一八六四	一、二一三	一八七〇	一、一七八
一八五八	八七二				

據上表所列，則知當此期間之鐵之產量，以一八六九年爲最多，較之一八五二年之產量，增加在二倍以上。至在價格方面之比較，則爲一億二千六百萬法郎對七千五百萬法郎之比，亦約爲二

倍。同時，鐵之產量在一八七〇年時之所以反少於一八六九年之產額者，則由於當年爆發了普法戰爭的原故。

且再看鋼鐵之生產數額（單位千公噸）。

年度	產量	年度	產量	年度	產量
一八五二	三二〇	一八五九	五五六	一八六五	八一一
一八五三	四七四	一八六〇	五六二	一八六六	八六八
一八五四	五三五	一八六一	六六九	一八六七	八三五
一八五五	五七三	一八六二	七八一	一八六八	八九四
一八五六	五八八	一八六三	八〇七	一八六九	一、〇一四
一八五七	五八六	一八六四	八三二	一八七〇	九二五
一八五八	五五三				

自上表中觀察，則知法國之鋼鐵生產，自一八五二年至一八六九年，其產額增加了三倍有餘。

在產物之價格方面，則一八五二年之生產值九千四百萬法郎；一八六九年之生產值二億四千五百萬法郎；二者之比例，在二倍以上。

現在再來看一看精製糖的生產量（單位百萬公斤）。

年代	產量	年代	產量
一八五一—一八五二	五九	一八六二—一八六三	一四九
一八五四—一八五五	三九	一八六六—一八六七	一八六
一八五八—一八五九	一一四	一八六九—一八七〇	二四八

據此統計，則法國之精糖產量，當一八六九年至一八七〇年時，較一八五一年至一八五二年增加四倍之多。

至在各種實業中之蒸汽機關之使用，計一八五二年爲七、七七九架，有二一六．〇〇〇馬力；一八五五年爲一一、六二〇架，有三四一、〇〇〇馬力；一八五八年爲一六、四九〇架，有四八七、〇〇〇馬力；一八六一年爲二〇、三二〇架，有五五五、〇〇〇馬力；一八六四年爲二五、〇二七架，有六七五、〇〇〇馬力；一八六七年爲二九、五一七架，有七二六、〇〇〇馬力；一八六九年爲三二、八二七架，有八七一、〇〇〇馬力。在此蒸汽機關之總數中，單爲各種工業及礦業中所用者，佔據總數中之大部。如當一八五二年時，工礦業中使用機器六、〇八〇架，有馬力七六、〇〇〇；一八五五年使用八、八七九架，有馬力一一二、〇〇〇；一八五八年使用一二、四一九架，有馬力一五一、〇〇〇；一八六一年使用一六、九三四架，有馬力二〇五、〇〇〇；一八六四年使用一九、七二四架，有馬力二四二、〇〇〇；一八六七年使用二三、四三五架，有馬力二八九、〇〇〇；一八六九年使用二六、二三一架，有馬力三二〇、〇〇〇。故自使用之機器及馬力數量加以觀察，則自一八五二年至一八七〇年，增加了四倍有餘。機器數量之增加如此，法國資本發展之程度爲若何可知矣。

現在再來從當時的對外貿易統計中去研究（單位百萬法郎）。

年度	輸入	輸出	總額
一八五二	九八九	一、二五七	二、二四六

一八五三	一、一九六	一、五四二	二、七三八
一八五四	一、二九二	一、四一四	二、七〇六
一八五五	一、五九四	一、五五八	三、一九二
一八五六	一、九九〇	一、八九三	三、三八三
一八五七	一、八七三	一、八六六	三、七三九
一八五八	一、五六三	一、八八七	三、四五〇
一八五九	一、六四一	二、二六六	三、九〇七
一八六〇	一、八九七	二、二七七	四、一七四
一八六一	二、四四二	一、九二六	四、三六八
一八六二	二、一九九	二、二四三	四、四四二
一八六三	二、四二六	二、六四三	五、〇六九
一八六四	二、五二八	二、九二四	五、四[illegible]二
一八六五	二、六四二	三、〇八八	五、七三〇

一八六六	二、七九四	三、一八一	五、九七五
一八六七	三、〇二七	二、八二六	五、八五三
一八六八	三、三〇四	二、七九〇	六、〇九四
一八六九	三、一五三	三、〇七五	六、二二八
一八七〇	二、八六七	二、八〇二	五、六六九

據上列統計，知自一八五二年至一八七〇年共十九年的期間，法國對外貿易之出超爲十一年，入超爲八年；出超年度爲一八五二年至一八五四年，一八五八年至一八六〇年，及一八六二年至一八六六年；入超年度則爲一八五五年至一八五七年，一八六一年，及一八六七年至一八七〇年。關於貿易數額方面，以一八六九年之六、二二八、〇〇〇、〇〇〇法郎爲最多，一八五二年之二、二四六、〇〇〇、〇〇〇法郎爲最少；自一八五二年至一八六九年幾增加三倍弱。

現在再從當時法國之進出口貨物之種類上去觀察其生產業的一般性質。

（1）法國棉花進口統計表（單位百萬公斤）

年度	數額	年度	數額	年度	數額
一八五二	五八	一八五八	七九・五	一八六四	五六・七
一八五五	七六・一	一八六一	一一〇・一	一八六七	七四
一八五六	八四・二	一八六二	二七・九	一八七〇	五九・二

據上表中所載棉花進口數額，則知一八五八年度及一八六二年度均較以前減少其原因蓋為一八五七年至一八五八年之經濟恐慌及一八六〇年美國南北戰爭之影響。經濟恐慌之爆發促使工廠縮小範圍或停工；以致所能銷受之原棉減少；美國南北戰爭之發生，致使產棉地帶之棉花輸出量減少，故法國所能購得之原棉亦不多。

（2）法國棉布出口統計表（單位百萬法郎）

年度	數額	年度	數額	年度	數額
一八五二	六六	一八六一	四三	一八六七	三〇

一八五五	七二	一八六四	八一	一八七〇	四五
一八五八	六六				

（3）法國麻類進口統計表（單位百萬公斤）

年度	數額	年度	數額	年度	數額
一八五二	二八	一八六一	三二	一八六七	三八
一八五五	二二	一八六四	三七	一八七〇	六九
一八五八	三〇				

（4）法國羊毛進口統計表（單位百萬公斤）

年度	數額	年度	數額	年度	數額
一八五二	三〇	一八六一	四九	一八六七	八三
一八五五	三四	一八六四	五四	一八七〇	七〇
一八五八	三六				

(5)法國毛織物出口統計表（單位百萬法郎）

年度	額	年度	額	年度	額
一八五二	一二三	一八六一	一七四	一八六七	二一九
一八五五	一六五	一八六四	三三〇	一八七〇	一九二
一八五八	一四四				

(6)法國生絲進口統計表（單位十萬公斤）

年度	額	年度	額	年度	額
一八五二	三六	一八六一	三九	一八六七	四九
一八五五	三九	一八六四	三九	一八七〇	二八
一八五八	四九				

(7)法國絲織物出口統計表（單位百萬法郎）

年度	額	年度	額	年度	額
一八五二	二七〇	一八六一	三三〇	一八六七	四〇二

一八五五	三四五
一八六四	四〇二
一八七〇	四五六
一八五八	三六九

自上列各表中觀察，知法國進口貨中偏重原料，出口貨中多爲製造品，此蓋爲一般資本主義先進國家之對外貿易上所共有之特徵。

同時，在第二帝國時代，當一八六〇年法國與英國曾訂結的通商條約，此次通商條約的訂結，亦爲刺激法國外貿發展之一原因，故當簡述其內容如下：

在一八六〇年法英所結訂的商約中，法國同意取消以前對於英國之利器、毛織物、棉織物、麻織物、絲織物、車輛等商品輸入的禁令，而代以對此等貨物徵收一種極低的關稅。至在英國方面，則同意於取消以前對於法國之絲織物、古銅器、金飾、珠寶、手套、人工花及各種女用物品之重稅，同時並減低法國輸英之酒類及許多其牠的商品之稅率。似此同樣性質的商約，在與英國結訂之後，隨即又與其他各重要國家相締結。由是，法國之外貿數額增加，實業亦受刺激而發展。

但法國實業之發展，除與各重要國家締結和平商約爲一原因外，尚有餘外許多的原因。譬如鐵道交通之進步，(註五) 河川運河運輸費用之減少，新航船公司之成立，各種技術專門學校之建立，郵電事業的推廣，海底電線之裝置，與遠東如中國日本等地貿易之開始，新卡勒陀尼亞（New Caledonia）及交趾支那之佔領，對中美及南美之商業關係的恢復，美國南北戰爭結束後貿易市場之重復安定，及蘇彝士運河之完成等等，均爲促使一八六〇年後法國工商業發展之重要條件。

現再來看一看法國金融市場之活動狀態及其國富之進步情形，對於前者，可從法蘭西銀行之貼現及存底之統計中去研究；對於後者，則可自法國在此期中每年度之遺產繼承數額上去觀察。

(1)法蘭西銀行貼現及存底數額統計表（單位百萬法郎）

年度	貼現	存底	年度	貼現	存底
一八五二	一、八四〇	五八九	一八五五	三、九〇五	三四〇
一八五三	二、八五四	四五三	一八五六	四、九二一	二二五
一八五四	二、一四九	四〇四	一八五七	五、五七一	二二八

一八五八	四、一八七	四六〇	一八六五	六、〇四〇	四四〇
一八五九	四、七一四	五七〇	一八六六	六、五五六	五八八
一八六〇	四、九七五	五一三	一八六七	五、七二三	八四五
一八六一	五、三〇八	三六九	一八六八	五、六二六	一、一七四
一八六二	五、四一八	三六九	一八六九	六、六三五	一、一九〇
一八六三	五、五〇七	三〇五	一八七〇	六、八八六	一、一三一
一八六四	六、五四七	二五二			

據上表，則知自一八五二年至一八七〇年貼現數額增加約四倍，存底數額增加亦約二倍。貼現與存底數額之增加，表示工商業活動範圍之推廣及銀行力量之充實。

（2）法國遺產繼承數額統計表（單位百萬法郎）

年度	繼承額 動產	繼承額 不動產	捐贈	總額
一八五二	八二九·一	一、二一七·七	五九四·四	二、六四一

一八五三	八三九·八	一、一七六·四	六五八·六	二、六七五
一八五四	八二六	一、一八〇·二	六七八·九	二、六八五
一八五五	九七七·九	一、四二八·九	七二六·四	三、一三三
一八五六	九五一·七	一、二四二·二	七一二·五	二、九〇六
一八五七	九六二·九	一、二七九·四	七四〇·二	二、九八一
一八五八	一、一一一·九	一、四五六·一	七六六	三、三三四
一八五九	一、〇六五·二	一、三七八·二	七五二·九	三、一九六
一八六〇	一、一八〇	一、五四三·九	八〇二·三	三、五二六
一八六一	一、〇七九·二	一、三八三·六	八三〇·七	三、二九四
一八六二	一、一五四	一、五二五·五	八三七·六	三、五一七
一八六三	一、二一四	一、五一六·九	八四四·二	三、五七五
一八六四	一、三三四·五	一、六六一·八	八五三·八	三、八五〇
一八六五	一、三七四·五	一、六五四·五	八五〇·五	三、八七九

一八六六	一、四五五	一、八一六・八	八九九・九	四、一七二
一八六七	一、五五五	一、七六七・二	九〇三・四	四、二二六
一八六八	一、五九八・六	一、八五六・三	九二三・三	四、三七八
一八六九	一、六五四・二	一、九八一・二	九三〇・二	四、五六七
一八七〇	一、五四九・五	一、八二一・七	六八二・二	四、〇五四

據上表，知自一八五二年至一八六九年，繼承之動產部門，增加約二倍；不動產部門，增進一倍又半；總額之增加亦約二倍；從這上面，不難看出法國國富之增加，及實業與財政進步之狀況。但在此種經濟環境中，一般人民之生活狀況又若何？這又必須從當時之工資及物價中去研究了。

關於法國自一八五三年至一八五七年之各重要地域之平均數的工資，有法國勞工部於一九一一年發表之統計可供參考。（註六）今列表如下（單位法郎）。

區域	男工工資	女工工資	區域	男工工資	女工工資
阿恩(Ain)	二·〇九	一·五三	奧白	二·四三	一·三〇
安斯納	二·五三	一·三三	奧得(Aude)	一·九八	一·〇七
阿里爾	二·〇二	一·一一	阿勿龍	二·一五	〇·九〇
下阿爾卑斯	二	一·一七	卡爾伐多	二·一九	一·一四
上阿爾卑斯	二·三二	一·三〇	夏倫特	二·一四	一·八五
阿得席	二·二七	一·四三	雪耳(Cher)	一·九六	一·一一
阿登納	二·三七	一·二〇	高斯(Corse)	二·四三	一·四二
德路姆	二·五〇	一·一八	畢倫納(下)	一·八〇	〇·七六
都白	一·九五	〇·八一	畢倫納(上)	一·六八	一
加爾	二·五七	一·三五	倫尼	二·九二	一·七五
安得爾	二·一二	一·〇四	上松尼	二·六四	一·〇九
猶拉	二·一六	一·六〇	松尼魯瓦	二·二二	一·一八

督瓦	三·〇五	一·二八	沙得	二·一三	〇·七五
門納魯瓦	二·二七	〇·九二	下塞茵	二·八一	一·二一
曼納	二·四二	一·四三	塞茵曼納	二·七七	一·五九
麥得摩塞爾	二·〇七	一·二八	舍勿爾(二)	二·一九	一
北部	二·五八	一·四三	梭姆	二·〇九	〇·九六
奧納	一·七四	〇·九三	勿奧克柳司	二·四九	〇·九九
巴德加萊	二·三八	一·五二	上維恩	二·三五	一·〇五
白依得道姆	二·三五	一·二二	容納	二·五三	〇·九一

上表爲法國各地之平均數的工資。至於全法國之平均數工資，計男子工人所得爲二·二四法郎，女子工人所得爲一·一九法郎。

同時，若從各種不同職業中去觀察各區域的工資，則亦有統計可考。（註七）

當一八五七年，在法國各主要區域，家庭使用人的工資，在阿恩者每年可得一四四法郎；在阿里爾者爲二五二法郎；在阿登納者二八六法郎；在布西于倫尼（Bouches-de-Rhône）者五〇〇法郎；在雩耳者三二四法郎；在都白者一九二法郎；在居龍得（Gironde）者三六〇法郎；在魯瓦者二六〇法郎；在北部地方一八〇法郎；在倫尼一帶三〇〇法郎。

當時之珠寶業中工資，通常以日計算，計在阿恩之珠寶業工人，每日可得二·五〇法郎；在都白者可得五·五〇法郎；在阿里爾者得三·五〇法郎；在阿登納者二法郎；在布西于倫尼者四·二五法郎；在雩耳者二·五〇法郎；在居龍得者三·二五法郎；在倫尼者三·七五法郎；在魯瓦者二·五〇法郎。

同時洗衣服的女工之在阿恩者每日可得二法郎；在阿里爾者日得一·二五法郎；在阿登納者一·五〇法郎；在布西于倫尼者一·五〇法郎；在雩耳者一·二〇法郎；在居龍得者一·五〇法郎；在魯瓦者一·二五法郎；在倫尼者二·五〇法郎；在北部者一·二五法郎。

麵包工人之供膳食者，在阿恩及都白地方每日可得〇·九〇法郎。不供膳食者，在阿登納每日可得二法郎；在布西于倫尼可得三·五〇法郎；在居龍得一·五〇法郎；在魯瓦二·七五法郎；在北部二·五〇法郎。

刺繡女工之在阿恩者日得一·二五法郎；在阿里爾者〇·七〇法郎；在阿登納者一·五〇法郎；在布西丟倫尼者二法郎；在雪耳與龍勒者〇·八〇法郎；在居龍得及魯瓦等地者一法郎。

製帽工人之在阿恩者日得工資三法郎；在阿里爾者得二·五〇法郎；在阿登納者二法郎；在布西丟倫尼者四法郎；在雪耳者二·二五法郎；在居龍得者二·二五法郎；在魯瓦者三·五〇法郎；在倫尼及北部者三法郎。

木工之在阿恩及北部者日得二·五〇法郎；在都白者得二法郎；在阿里爾者二·七五法郎；在阿登納者三法郎；在雪耳者二·二五法郎；在魯瓦及倫尼者三·五〇法郎；在居龍得者四法郎；在布西丟倫尼者五法郎。

蓋瓦工人之在阿恩者日得二法郎；在都白者日得二·二五法郎；在阿里爾者得二·七五法郎；在阿登納者二·七五法郎；在布西丟倫尼者三·五〇法郎；在雪耳者一·五〇法郎；在居龍得者二法郎；在北部者二法郎；在倫尼者三·五〇法郎；在魯瓦者三·七五法郎。

至其餘各業工人在法國各主要地域之工資統計，亦可列成簡表如下（單位法郎）。

地域	紅木工	製花工	印刷工	泥水工	漆工	製假髮工（供膳食）	挑土工
阿恩	二		二·五〇	二·五〇	三	〇·七五	二
阿里爾	二·五〇		二·二五	二·二五	二·二五	一	二·五〇
阿登納	二·五〇		二·五〇	三	二·五〇		二·七五
部白	二·五〇	〇·九〇	二	三	二	〇·七五	二
布西去倫尼	三	一·五〇	四	四·二五	三·五〇	〇·九〇	二·五〇
雪耳			二·五〇	二·二五	二·二五	〇·六〇	一·七五
居龍得	三	〇·八〇	三	三·五〇	三	〇·五〇	二·五〇
[illegible]瓦	三		三·五〇	二·八〇	三·五〇	〇·七五	二·二五
倫尼	二·七〇	一·五〇	三·五〇	三·二五	三·五〇	〇·八〇	二·五〇
北部	二·二五		二·七五	二·五〇	二·五〇	〇·七五	一·五〇

在同一時期——第二帝國起初幾年——在巴黎之各業中之工資統計，則有如下表（單位

法郎）。

工別	工資	工別	工資
珠寶	四·五〇	製帽	三·五〇
洗衣	二·五〇	木工	五
麵包（給腊）	四	皮匠	三
採石	三	利器	四·五〇
製車	四	女衣	二
蓋瓦	六	木器	三·五〇
製褲	一·七五	女帽	二·五〇
花邊	一·五〇—三	漆匠	四
紅木	三·五〇	裝書	三·五〇
鐵匠	五	製鍁	四·五〇—七
製背心	一·二五	裁縫	二·五〇—三

鐘表	四·五〇	石工	四·五〇—八
印刷	六	地毯	四
襯衫	一·五〇—二	製桶	三·五〇—四·五〇
泥水	三—四·七五	玻璃	三·七五

以上所列諸統計材料，包括一八五三年至一八五七年期間之法國各地各業之工資概況。除此以外，關於一八六一年至一八六五年間之勞動者之收入，亦有法國國家統計公報可供參考。茲將該期段中之各地各業之工資統計，摘要錄下（單位法郎）。

地域	業別	男工工資	女工工資	童工工資
阿恩（布格）	建築	二	一·一〇	〇·七五
	磨坊	二	一·二〇	〇·八〇
	印刷	二·七五		〇·七五
阿登納（路克洛）—Rocroy—	石板	二·六〇	一·〇五	一
	金屬	三·一五	一·一〇	一

奧白（托洛衣）—Troyes—	女帽	二·二五	一·五〇	
卡爾代多	紡織	二·二五	一·二五	〇·七五
都白（白讓松）—Besançon—	金屬	三·〇〇	一·二〇	〇·七五
	燈亮	二·五〇		
吐魯斯	建築	二—三	一·一〇	
	製酒	二·五〇	一·二〇	
居龍谷（博都）	紡織	三	一·二五	〇·七五
	金屬	三·五〇—四	一·五〇	〇·五〇—一·〇〇
	化學	二—三·五〇	一·一〇—一·三〇	〇·五〇—一·二五
格勒諾白	建築	一·七五—二·五〇	一	一
	食品	一·二五—二·五〇		
	紙張	二·二五	一	〇·七五
拉都丟本（La Tour du pin）	紡織	二·二五—二·七五	一·二五—一·四〇	〇·五〇—〇·七五

晉瓦（聖得天）	礦業	三・六五	一	〇・九五
	金屬	二・八五—三・五〇		一・二〇—一・四〇
曼納（雷娜）	紡織	二・六〇—三・五〇	一・四〇—一・六〇	一・〇五—一・二五
	食品	二・二〇—二・五〇	一・三五—一・七五	
北部（里耳）	金屬	二・七五—三・二〇	二	〇・五〇—一・一〇
	建築	二—二		
	食品	二—二・七五	一・一〇—一・五〇	〇・七五—一・二五
	紡織	二—三・七五		
部埃（Douai）	礦業	二・一五	一	
伐蘭西安納	礦業	二・九〇	一・五〇	
	金屬	三	一・四〇	一
	玻璃	三	〇・九〇	〇・九〇
巴得加萊	礦業	三	二	一

侖尼（里昂）	金屬	二·五〇—三·六〇		〇·七五—〇·八〇
	化學	二·二五—三	一·二〇—一·四〇	〇·七〇
下塞茵（魯昂）	化學	二—二·七五	一—一·五〇	一—一·二五
	食品	三·一五	一·五〇	一
	紡織	二·三五—四	一·二五—一·八五	〇·七五—一·二五
梭姆（亞眠）	建築	二—三	一—二	一
	食品	一·九〇—二	〇·九五—一·二五	
勿奧斯吉	紡織	一·六五—一·九〇	一—一·二〇	〇·七五
巴黎	紡織	三—五·五〇	一·二五—二·五〇	
	金屬	五—六	一·五〇—二	
	皮革	三—五	一—二	
	木材	四	二	
	陶器	四·五〇	二·五〇	
	化學	四	二	一·二五

建築	三·五〇—五	一·七五	一·五〇
傢具	五	一·五〇	一·五〇
衣服	三—六	一·五〇—二·五〇	〇·九〇
食品	四	二	
運輸	四·五〇	二·五〇	一·五〇

至關於法國農村中之勞動者的一般收入，則可分爲兩類：一類是供膳食的日工；一類是不供膳食的日工。供膳食的日工，在收穫之前或收穫之後所雇用者，其工資爲：男工一·〇八法郎；女工〇·六二法郎；童工〇·四五法郎。若在收穫之當時所雇用者，則其工資較高，計男工爲一·八二法郎；女工一·一三法郎；童工〇·七七法郎。至不供膳食之日工，在收穫之前或收穫之後所雇用者，其工資爲：男工一·八五法郎；女工一·一四法郎；童工〇·八二法郎。而在收穫之當時所雇用的不供膳食的日工，其工資又爲：男工二·七三法郎；女工一·七七法郎；童工一·一二法郎。據法國國家統計公報，不供膳食之農村勞動者在收穫之前或收穫之後所能得的工資，自一八五〇年至一八六

二年增進了百分之三十。若以一八五四年之收入和一八六二年者相比，則其增進率爲百分之十五。

以上所述，爲關於第二帝國時代之一般的工資統計。但是此時之工資率，比較以前究竟是增加抑減少呢？於是爲求明瞭工資變動之程度起見，便有參考比較統計表的必要。現將一八四八年法國各主要地域之各主要職業中男女工人之平均數的工資，與自一八六一年至一八六五年之各地各業男女工人之平均數的工資，作一比較表格如下（單位法郎）。

地域	業別	一八四八年（男工工資）	一八六一—一八六五年（男工工資）	一八四八年（女工工資）	一八六一—一八六五年（女工工資）
巴黎	金屬	四·〇七	五·五〇	一·七一	一·七五
	傢具	三·九〇	五	一·七八	一·五〇
	皮革	三·八七	四	一·一四	一·五〇
	建築	三·八一	四·二五	一·四三	一·七五
	紡織	三·四二	四·二五	一·四六	一·八七五

	化學	三·七一	四	一·四八	二
	食品	三·五〇	四	一·六八	二
	衣服	三·三四	四·五〇	一·六二	二
阿登納	金屬	一·七〇	三·一五	〇·九二五	一·一〇
	石板	三	二·六〇		
卡爾伐多	紡織	一·三七五	二·二五	一	一·一五
晉瓦	礦業	三·五〇	三·六五		
	金屬	三·五〇	三·一七五		
曼納	紡織	二·二五	三·〇五	〇·九二五	一·五〇
棱姆	食品	一·三七五	一·九五		
勿奥斯吉	紡織	一·三五	一·七七五	〇·七五	一·一〇

至於第二帝國時代之前半期的工資和其後半期的工資，也可以將其較重要者作一簡單比較。如在布格及里耳等地之建築工人之平均數工資在一八五一年至一八五七年期間之所得，與

一八六一年至一六五年期間之所得，無多大變化。在布格之印刷業中的工資，則後半期與前半期相比增加了○·七五法郎之數。同時，在巴黎之各業工人工資，如金屬工人工資自四·五○增至五·五○法郎；傢具工人工資自三·七五增至五法郎；皮革工人工資自三至四法郎；建築工人工資由四·五○減至四·二五法郎；食品工人工資前後均爲四法郎不變；而衣服工人工資則由二·七五增加到四法郎。此外，在第二帝國時代之前半期之女工工資的平均數（全國）爲一·一九法郎，而第二半期之女工的平均數工資，則爲一·三二五法郎。

以上所述，爲第二帝國時代法國全國各業勞動者之收入狀態。但是他們的支出情況又若何呢？這就要從當時之各種生活必需品的價格上去研究了。

關於一八五一年至一八七○年之各個生活必需品之價格，有於一九一一年出版之法國統計公報可供參考。今將其統計表格摘錄於後（單位法郎）。

表一

年度	肉類（公斤）	豬肉（公斤）	奶油（公斤）	魚類（公斤）	蛋（枚）	乳餅（公斤）	馬鈴薯（公斤）	食油（公升）
一八五一	.九二	一.四五	一.九一	.七六	.〇四九	一.二三	.〇三	一.三九
一八五二	.九二	一.四一	一.八〇	.六六	.〇四七	一.一三	.〇五	一.一九
一八五三	一.〇三	一.四七	一.九二	.七九	.〇五三	.九七	.〇六	一.七二
一八五四	一.一三	一.六七	一.二〇	.八〇	.〇五九	一.三二	.〇九	一.五五
一八五五	一.一一		二.二四	.九一	.〇六一	一.四〇	.〇九	一.六七
一八五六	一.二〇	一.八七	二.二九	.八五	.〇五九	一.五〇	.〇八	一.七二
一八五七	一.一七	一.八六	二.三二	.八六	.〇六一	一.四九	.〇八	一.七四
一八五八	一.一三	一.八五	二.二五	.八七	.〇五六	一.四八	.〇六	一.九七
一八五九	一.〇〇	一.八〇	二.二二	.九一	.〇五八	一.五〇	.〇六	一.九五
一八六〇	一.一一	一.九三	二.三四	.九〇	.〇六三	一.九〇	.一〇	一.九五
一八六一	一.一五	一.九四	二.四五	.九一	.〇六四	一.四五	.一〇	一.八四
一八六二	一.一四	一.九六	二.三八	.八九	.〇六五	一.七六	.〇六	一.六三
一八六三	一.一九	一.九六	二.三九	.九四	.〇六一	一.五〇	.〇七	一.六八

一八六四	一·二〇	一·六二	二·六一	·九七	·〇六四	一·六五	·〇六	一·六二
一八六五	一·二〇	一·六二	二·七一	·九〇	·〇六八	一·六五	·〇六	一·五六
一八六六	一·二一	一·七二	二·六〇	·八五	·〇六〇	一·六八	·〇七	二·〇四
一八六七	一·二九	一·七三	二·五五	·七三	·〇七〇	一·五二	·一〇	二·一〇
一八六八	一·二五	一·八〇	二·七八	·七九	·〇七一	一·五四	·七	二·〇〇
一八六九	一·二六	一·八八	二·九〇	·八〇	·〇七五	一·五三	·〇五	一·八六
一八七〇	一·二七	一·九〇	三·一一	·八五	·〇六九	一·六六	·一三	一·七五

表二

年度	醋（公升）	酒（公升）	鹽（公斤）	糖（公斤）	木柴（捆）	木炭（百公斤）	煤（公噸）	燭（半公斤）
一八五一	·三八	·四八	·二五		一六·六四	三·八二	二七·九〇	三·四五
一八五二	·三七	·四九	·二二		一六·四三	三·一三	二八·六〇	四·〇二
一八五三	·四二	·五八	·二二		一六·三七	三·五九	三三·七〇	三·四〇

一八五四	.四二	.七五	.二五		一五·五三	三·六〇	三〇·九〇	三·〇〇
一八五五	.七五	.八七	.二二		一五·六〇	三·五八	四七·五〇	三·四〇
一八五六	.六〇	.八五	.二三		一七·六九	三·七〇	四九·八〇	三·一九
一八五七	.五六	.八〇	.二三		一九·五〇	四·〇〇	四四·九〇	三·二九
一八五八	.五五	.六七	.二五		一九·五二	三·七〇	四二·九〇	三·〇九
一八五九	.四五	.五五	.二二		一七·一三	三·八九	四三·〇〇	二·九一
一八六〇	.五五	.七三	.二二		一六·九六	三·八二	四三·一〇	三·〇〇
一八六一	.四五	.七五	.二四		一八·六九	四·一四	四四·二〇	二·〇九
一八六二	.四七	.七〇	.二三		一九·三七	四·二三	四〇·七〇	二·九四
一八六三	.四七	.六八	.二〇		一八·三五	四·二〇	三七·九〇	二·六六
一八六四	.四一	.六二	.二一	一·四八	一八·三五	四·三七	三六·七〇	二·〇九
一八六五	.三七	.六一	.二〇	一·二八	一九·二一	四·四〇	三五·一〇	二·三六
一八六六	.四四	.六二	.二〇	一·二八	一九·〇三	四·二五	三〇·九〇	二·五四
一八六七	.三九	.六三	.二〇	一·二九	一九·三五	四·二六	三八·六〇	二·四五

一八六八	·四四	·六五	·二〇	一·二八	一九·三五	四·二九	三八·二〇	二·一七
一八六九	·四七	·六一	·二〇	一·三一	一八·八二	四·三〇	三七·六〇	二·一七
一八七〇	·四〇	·六三	·二〇	一·三一	一八·四八	三·〇〇	三八·二〇	二·一三

觀上列二表，可知自一八五一年至一八七〇年間，一般肉類價格升漲百分之三十五；猪肉價格升漲百分之三十；奶油價格，升漲百分之六十以上；魚類價格升漲百分之十以上；鷄蛋價格，漲上百分之一百（但一八七〇年之蛋價實爲例外，若以一八五一年之蛋價對一八六九年者相比，則升漲約百分之五十。），乳餅價格漲上百分之三十五；馬鈴薯價格漲上百分之三百（這兒一八七〇年之馬鈴薯價格，亦爲例外，若以一八六九年者代之，則所漲未及此數。）；食油價格漲起百分之二十五；醋價漲起百分之十；酒價漲起百分之三十；惟獨食鹽價格低落百分之二十五；木炭價格亦減低百分之二十（但自一八五一年至一八六九年之木炭價格則向上升漲）；此外，木柴價格升漲百分之十二；煤價亦增加百分之三十左右。

於是，如在巴黎之四口之家（譬如木工家庭），依據當時物價，其對於麵包、肉類、猪油、魚類、奶肉、蛋、鹽、米、麵條、乳餅、牛奶、酒、糖、馬鈴薯、青豆、食油、醋、咖啡、巧格力、木炭、煤炭、石油等之一年的開銷，有如下表。（單位法郎）

年度	開銷	年度	開銷	年度	開銷	年度	開銷
一八五一	七五二	一八五六	一、一五六	一八六一	一、〇五四	一八六六	九五七
一八五二	七七六	一八五七	一、〇四三	一八六二	九九七	一八六七	一、〇四四
一八五三	八九五	一八五八	九一一	一八六三	九七二	一八六八	一、〇七〇
一八五四	一、〇四四	一八五九	八五一	一八六四	九二二	一八六九	九七〇
一八五五	一、一三二	一八六〇	九八四	一八六五	九〇七	一八七〇	一、〇〇一

據上表，則知一八七〇年度之家庭開銷較一八五一年度之開銷增加二四九法郎。其中之最高數爲一八五六年的開銷；若以之和一八五一年者相比，則增加有四〇四法郎之多。故當年（一八五六年）在巴黎之普通飯店中，每餐一頓，定價爲一・一四法郎。

同時，在居住費用方面，在巴黎及巴黎以外之各大城市，亦均逐年增長。

此時，一般工人所收入之名義工資，雖亦較前增多，但其實質工資，則反有退步，因爲物價升漲之百分率，超過工資增加之百分率故也。如在巴黎之一般男子工人之平均數工資，自一八四八年至一八六五年，增加有百分之二十；女工工資增加有百分之十二至十五；但當時之肉價，則增加百分之三十；奶油價增加百分之四十五；馬鈴薯價增加百分之一百；炭價增加百分之十七。故在巴黎之五金工人，以其一日收入之工資，當一八五二年時，可以購買四、四二〇公分之肉類；或八二枚鷄蛋；或二、一三〇公分之奶油。但至一八七〇年度，則巴黎五金工人之收入，便只能購買四、三六〇公分之肉類；或六〇枚鷄蛋；或二、〇三〇公分之奶油。又如巴黎食品工業中之女工，當一八五二年時，以其一日之收入，可以買得一、七〇〇公分之肉類；或九二五公分之奶油；或三四枚鷄蛋。及至一八七〇年，則此食品工業中之女工的收入，便只能購買一、六六〇公分之肉類；或七六五公分之奶油；或二九枚鷄蛋。觀上述各方面之事實的統計，法國在此時期中一般人民的生活狀況如何，亦可明瞭了。

（註一）見庫魯得瓊司之法國實業統計。

(註二)見保羅·路易前揭書七六頁。

(註三)尚有各種可供參考之統計材料，參閱保羅·路易前揭書八二頁。

(註四)見保羅·路易前揭書九九—一〇五頁。

(註五)法國之已成的鐵道，當一八五二年時有三、六八五公里；一八七〇年時增至一七、九二四公里。

(註六)見法國勞工部於一九一一年所發表之 Salaires et Coût de l'existence à diverses époques jusqu'en 1910.

(註七)見一八六四年在 Strasbourg 所發表的 Prix et Salaires à diverses époques.

第七章　由普法戰爭至世界大戰之法國社會經濟

——自一八七一年至一九一四年——

(一)普法戰爭與巴黎公社

拿破崙第三誇大喜功，卒釀成一八七〇年普法戰爭，結果法軍大敗，拿破崙第三被俘，於是法國人民乃建立國防政府，與普軍議和，因爲和議不成，普軍遂圍攻巴黎。一八七一年一月二十三日，巴黎降。二月二十日由政府臨時執政提耳(Thiers)與普軍簽訂和約。但巴黎民衆在久困孤城之時，物質上已受無限艱苦，及停戰之後，見政客之與普軍勾結情形，精神上更感覺極度的悲痛。於是有許多人民遂開始在各街衙巡行演講，並在巴士提爾(Bastille)作示威運動，卒引起革命之爆發。

當巴黎被圍困時，人民集合而組織國民軍，有來二十萬人，鎗四十萬枝，大礮三千架，後因停戰議和，遂被解散。但國民軍中人仍未繳械返里，且自有結合，稱國民軍民主協會中央委員會。政府對之深惡痛恨，時思解除其武裝。同時，國民會議，亦開始反革命起來。

此時，巴黎有許多人民曾向國民會議請求緩交房租之通令，但不蒙允許。結果，數萬工人及城市貧民悉被驅逐而悽楚彷徨於街頭巷尾。

二月四日國民軍遂開會議決反對政府及常備軍。

二月十日，政府頒布一切沒有保證書之國民軍人停止發餉之命令。但同時，此大羣無產者又不能覓得工作，於是失業人數，大形增加。

三月十一日政府又命令在戰爭期中所出期票，限於兩週之內交款。於是大批企業，遂宣布破產或停頓。因之，巴黎之四分之三的人民，遂均不滿於政府。

政府乃欲以先下手爲強之手段解決國民軍，命軍隊收沒其軍械。但結果，反因是而引起革命之爆發。

政府解決國民軍之企圖失敗後，提耳政府遂離巴黎而避往凡爾賽。於是，國民軍遂佔據了政府機關。但此次之革命行動，並非事先有計劃的行動，故在起事者方面，並無充分準備，三月十八日革命後之新政府，幾全爲普通工人與小官吏等人所組織而成。

但至三月二十一日，巴黎之大商人及其他資產階級人物，匯合舉行遊行大示威，大喊打倒公社之口號。次日，雙方發生衝突，結果死傷多人。因之革命政府，遂採用嚴厲手段對付反革命人物。

此時，革命政府遂宣布延緩房金繳納期，及延緩期票交款期。同時有沒收對於新政權不合作的工廠之主張，但反對沒收中小財產。

巴黎公社的成立僅有兩個月零十天的生命。由三月十八日至五月二十八日，在此短促時間內，其已施行及準備施行經濟政策，有如下諸點。

(1)公社服務之職員薪俸，與勞動者之工錢收入相等。

(2)保障勞動者的權利和自由，禁止雇傭主的壓迫。

(3)禁止夜工，並主張工作八小時制度。

(4)減少私營生產，提倡國營實業。

此外，公社還有各種臨時政策如：

(1)曾發還九十萬件典質物品於貧民。

(2)規定人民之爲革命鬬爭而犧牲者的孀婦，每年可得卹金六百法郎。年齡不到十八歲的子女，每人可得三百六十五法郎；對於無父母的孤兒則完全扶養。

(3)改組舊有慈善機關，並妥善處置乞丐與賣淫所。

(4)四月二十四日，宣布沒收三月十八日前後住戶所遺棄的房屋，而以之分給生活困難的而沒有房屋居住的人民。

(5)規定凡接濟巴黎糧食的人，可享受各種保護及特權。同時，又採種種方法，以禁止糧食之運出巴黎。

(6)爲消滅投機事業起見，特採辦大宗食品，由市區店舖，以規定價格出售。

(7)又設有公共食堂，凡做了相當工作的人，便可在那兒領得食品。

(8)對於農民曾發兩次宣言，主張土地歸農民，生產工具歸工人，全體人民都有工作，並說明農民與工人之利益爲一致。

(9)每日以三十萬至三十五萬法郎，發給失業工人作爲生活費用。德相俾斯麥（Bismarck）見巴黎公社的聲勢浩大，遂歸還十萬俘虜於提耳，並修改和約，使提耳政府易於撲滅公社。

當時提耳政府之軍隊有十七萬人，有戰鬪力者十三萬人，而公社方面卻只有三萬多的軍隊。五月三、四日後，凡爾賽軍隊陸續進展，巴黎陷入包圍。五月九日開始轟擊巴黎。五月二十日，塞茵河左岸爲凡爾賽軍所佔據，提耳政府向巴黎人民勸降。五月二十一日，提耳政府軍攻入巴黎，開始了「流血星期」。當凡爾賽軍隊入巴黎後，不僅有武器的社員被殺者甚多，卽赤手空拳的無辜貧民遭難者亦不在少數。總計自五月二十三日起約一星期中，戰死者一萬七千人，被囚者三萬八千五百六十八人，內中有婦女一千零五十八人，孩童六百五十一人；經軍法審判後，或執行鎗決，或流放於荒島。於是巴黎公社，便就此結束。

(二)一八七一年至一八八四年之法國社會經濟

巴黎公社失敗。成立了法國之第三共和。法國因爲普法戰爭的結果，喪師失地，並支付鉅額的賠款，以致元氣大傷，而在歐洲的地位亦減低甚多，直至一八八四年以後，方逐漸恢復舊觀。但在此十餘年中法國社會經濟的實況如何，我們仍可從人口、生產、貿易、工資、物價等範疇的分析來探求的。

法國人口總數當一八七一年時爲三千六百一十九萬人，至一八七五年度增加到三千六百六十六萬人，四年之間，共增加了四十七萬人。及至一八七八年，人口又增加到了三千七百一十八萬人；一八八〇年爲三千七百四十五萬人；一八八四年爲三千八百零一萬人。若以一八八四年與一八七一年之人口總數相比，則在十四年中，一共增加了一百八十二萬人。

在小麥的生產方面，在此期中用以生產小麥之土地面積，爲六百三十九萬七千方公頃（hectares）至七百零五萬二千方公頃；其生產數量，最低數爲一八七一年之六千九百二十七萬六千公石，最高數爲一八七九年之一億三千三百一十三萬公石。故每一方公頃之土地，其所產生之小麥，爲自一一・三八公石至一九・六四公石。而當時對於每一公石小麥之價格，亦自一七・七六法郎至二六・六五法郎。

同時，生產馬鈴薯的土地面積，亦行增加。計一八七一年所用以生產馬鈴薯者爲一百一十二萬七千方公頃，一八八四年則增至一百三十八萬一千方公頃，前後共增加了二十五萬四千方公頃的面積。至於馬鈴薯的生產數額，則其每年之最高產額，達到一億一千二百四十萬公擔(quintaux——每公擔等於五十公斤)。

至當時關於葡萄的栽植，一八七一年時佔據了二百四十一萬七千方公頃；但隨農作方法之改良，葡萄所佔地面，當一八八二年至一八八四年期間，即減至二百二十萬方公頃。法國葡萄多用以釀酒，故當時酒之生產，每年最多時有七千八百二十萬公石，最少時亦有三千三百九十萬公石。

至於煤之生產，其進步甚爲顯著。當一八七一年產煤一千三百二十五萬八千公噸；一八七五年產煤一千六百九十五萬六千公噸；一八八〇年產煤一千九百三十六萬一千公噸；一八八三年產煤二千一百三十三萬三千公噸；一八八四年產煤二千零零二萬三千公噸。自一八七一年至一八七五年五年間產量增加三百六十九萬八千公噸；自一八七五年至一八八〇年五年間產量增加二百四十萬五千公噸；自一八八〇年至一八八三年三年間產量增加一百九十七萬二千公噸；一八八四年之產量雖不及一八八三年，但較之一八八〇年之產量亦增加了七十六萬二千公噸；若以一八八四年之產量和一八七一年產量相比，則其增加數爲六百七十六萬五千公噸。在此期中每公噸煤之價格，最低數爲一二·三三法郎；最高數爲一六·六一法郎。

同時，法國鐵礦之產量，因受普法戰爭之影響，故於一八七一年所產之數額不多，只有一百八十五萬二千公噸。但和議告成，巴黎公社撲滅後，自一八七二年以來，鐵礦之開採數量，又復增加，當年之生產數額，卽有二百七十八萬一千公噸，較上年竟增加了九十二萬九千公噸，爲百分之五十的進步。至一八八〇年，產量爲二百八十七萬四千公噸，較一八七二年之產量，亦有九萬三千公噸之增進。一八八三年爲此期中鐵礦產量最多之一年，計有三百四十九萬七千公噸，較一八八〇年之產額又增進了六十二萬三千公噸。一八八四年之產額雖不及一八八三年，但亦有二百九十七萬六千公噸，較之一八八〇年之產額，亦有十萬零二千公噸的增進。

至關於從事於礦業的勞動者數，有着很顯著的增加：一八七一年爲九萬三千一百五十五人；

一八七五年爲十一萬九千七百三十三人；一八八〇年爲十一萬八千九百四十一人；一八八二年爲十二萬零四百五十六人；一八八三年爲十二萬四千三百二十七人；一八八四年爲十一萬九千四百八十五人。自一八七一年至一八八四年，從業於礦產的人數增加了二萬六千三百三十人。

至於精鍊鋼與精鍊鐵的生產，一八七一年爲七十六萬三千公噸；一八七五年爲一百萬零零一千公噸；一八八〇年爲一百三十五萬五千公噸；一八八二年產一百五十三萬一千公噸，爲此期中產量最高之數額；一八八三年爲一百五十萬零一千公噸；一八八四年爲一百三十八萬公噸；若以之對一八七一年之產量相比，則增加六十一萬七千公噸，爲百分八十以上的進步。同時，當一八七一年所產鋼鐵之價値，爲一億九千萬法郎；一八八四年之生產價値，則爲二億九千五百萬法郎。至在鍊鐵鍊鋼之高熱度熔爐上所雇用的工人數量，計一八三〇年爲二萬五千人；一八四〇年爲二萬六千四百人；一八四七年爲三萬八千人；一八七三年爲五萬五千人；一八八〇年爲六萬零二百人；一八八三年爲六萬七千五百人；較一八七三年所雇用的人數，增加一萬五千二百人。

在精鍊糖之生產方面，當一八三九至一八四〇年間，有二千萬公斤之產量；一八四九至一八五〇年間之產量，則爲五千四百萬公斤；一八五九至一八六〇年間爲一億一千一百萬公斤；一八六九至一八七〇年間爲二億五千四百萬公斤；一八七二至一八七三年間爲三億五千九百萬公斤；一八七五至一八七六年間爲四億零六百萬公斤；一八八〇至一八八一年間爲二億八千三百萬公斤；一八八三至一八八四年間爲四億零六百萬公斤，較一八七二至一八七三年間之產量亦復加增了四千七百萬公斤。

至關於當時法國實業界中所使用的蒸汽機關數量逐年均有增加；所代表的馬力數量，亦復年年進步。譬如當一八七一年，法國實業界中所使用之蒸汽機關，爲數二萬六千一百四十六架，有三十一萬六千馬力；一八七五年使用數量爲三萬二千零零六架，有四十萬零一千馬力；一八八〇年使用四萬一千七百七十二架，有五十四萬四千馬力；一八八三年爲四萬八千四百零九架，有六十五萬四千馬力；一八八四年爲五萬零二百五十二架，有六十八萬三千馬力。據此可知自一八七一年至一八八四年，使用機器數量增加二萬四千一百零六架，馬力數量增加三十六萬七千。前者之增加率爲百分之九十以上；後者之增加率爲百分一百一十以上。由此使用機器數量之增加及蒸汽馬力數量之增加上，不難看出法國新式生產業之進步的情形。

至當一八八四年各主要實業中所使用之蒸汽馬力數量之分析，則爲礦業十萬零一千馬力；金屬工業十四萬九千馬力；農業五萬八千馬力；食品工業九萬四千馬力；化學工業三萬四千馬力；織物及衣服工業十三萬九千馬力；紙張業三萬一千馬力；建築業五萬九千馬力。

關於交通運輸方面，在此十四年中，亦有很多的進步。譬如鐵路之建築，當一八七一年有鐵路一萬七千二百二十一公里；一八七五年有一萬九千七百四十六公里，一八八〇年有二萬三千七百三十八公里，一八八三年有二萬八千零四十七公里，一八八四年有二萬九千三百九十八公里，較一八七一年之鐵路長度，增加一萬二千一百七十七公里，爲百分之七十以上之進步。同時，在鐵路交通方面所雇用的勞動者數，逐年均有顯著的增加，如一八七一年雇用十四萬一千人，一八七五年雇用十六萬八千人，一八八〇年雇用二十萬零五千人，一八八三年雇用二十四萬一千人，一八八四年雇用二十三萬九千人，前後共增加雇用人數九萬八千人。至在鐵路運輸上所得之收入，計一八七一年爲七億一千四百萬法郎，一八七五年爲八億六千三百萬法郎，一八八〇年爲十億六千一百萬法郎，一八八四年爲十億九千六百萬法郎，較一八七一年之收入增加三億八千二百萬法郎，爲百分之五十以上之進步。

在海上運輸方面，法國之進口與出口之船舶噸數爲：一八七一年一千零四十三萬噸；一八七五年一千三百四十七萬噸；一八八〇年一千九百一十二萬四千噸；一八八四年二千零六十八萬八千噸，較第三共和之初增加一千零二十五萬八千噸，爲百分之九十以上之進步。由此交通運輸業之發達上去看，便可看出當時變換經濟之繁榮狀態。

關於當時法蘭西銀行之貼現數額，則有如下表（單位百萬法郎）。

年度	數額	年度	數額	年度	數額	年度	數額
一八七一	八、一七七	一八七五	九、六五四	一八七九	七、二六〇	一八八二	一一、三二二
一八七二	一三、四五七	一八七六	七、三二六	一八八〇	八、六九六	一八八三	一〇、八二七
一八七三	一四、六一四	一八七七	七、五六九	一八八一	一一、三七四	一八八四	一〇、三八五
一八七四	一二、二四〇	一八七八	七、六〇三				

據上表，則知法蘭西銀行貼現數額年有上下，其中最高數爲一八七三年之一百四十六億一千四百萬法郎，最低數爲一八七九年之七十二億六千萬法郎，兩者之相差爲七十三億五千四百萬法郎。

至關於當時之對外貿易數額，亦有顯著的變動，今以表格示之如下（單位百萬法郎）。

年度	輸入	輸出	總額
一八七一	三、五六六	二、八七二	六、四三八
一八七二	三、五七〇	三、七六一	七、三三一
一八七三	三、五五四	三、七八七	七、三四一
一八七四	三、五〇七	三、七〇一	七、二〇八
一八七五	三、五三六	三、八七三	七、四〇九
一八七六	三、九八八	三、五七五	七、五六三
一八七七	三、六六九	三、四三六	七、一〇五

一八七八	四、一七六	三、一七九	七、三五五
一八七九	四、五九五	三、二三一	七、八二六
一八八〇	五、〇三三	三、四六七	八、五〇〇
一八八一	四、八六三	三、五六一	八、四二四
一八八二	四、八二一	三、五七九	八、四〇〇
一八八三	四、八〇四	三、四五一	八、二五五
一八八四	四、三四三	三、二三二	七、五七五

據上表，則知當時法國之對外貿易數額，最高數為一八八〇年之八十五億法郎，最低數為一八七一年之六十四億三千八百萬法郎，兩者之相差有二十億六千二百萬法郎。一八八四年之貿易總額，雖未如一八八〇年之多，但較一八七一年之貿易數量，亦有十一億三千七百萬法郎之增加。此外，總計法國於此十四年中之輸入數量，大於輸出數量，蓋十四年中之輸入總數為五百八十億二千五百萬法郎，輸出總數為四百八十七億零五百萬法郎，兩者之相差有九十三億二千萬法

郎。

尚有當時之遺產繼承及捐贈總額，計一八七一年爲五十七億二千九百萬法郎；一八七四年爲四十九億二千七百萬法郎；一八七九年爲六十一億零六百萬法郎；一八八四年爲六十一億零一百萬法郎，較之一八七一年之數量增多三億七千二百萬法郎。至在遺產繼承中之動產數額，在上述四年度中，爲二億四千八百萬法郎；四億三千三百萬法郎；八億五千二百萬法郎；及八億四千三百萬法郎。前後相較，有五億九千五百萬法郎之多。由是亦可看出當時法國工商業發達的情形。

此外，關於法國當時實業界的狀況，我們還可以從燃料之消費及原料之進口等方面去認識。蓋燃料及原料等之消費數額的增加，可以表示製造業之範圍的擴大的。

在煤之消費方面，一八七一年消費一百八十五億公噸；一八七五年消費二百三十九億六千二百萬公噸；一八八〇年消費二百八十一億七千萬公噸；一八八三年消費三百十一億九千一百萬公噸；一八八四年消費三百零一億五千八百萬公噸，以與一八七一年之消費額相比，則增多一百十六億五千八百萬公噸，爲百分之七十左右的進步。同時，我們若將法國之煤的生產額與其消費額相比，則可知法國所需用之煤的大部分，是必須從外國（如英國、挪威、瑞典等國）輸入的。

其次，在棉花之消費方面：一八七一年爲九百九十二億七千四百萬公斤；一八七五年爲一千零一十三億三千九百萬公斤；一八八〇年爲八百八十七億二千四百萬公斤；一八八三年爲一千一百五十七億五千五百萬公斤，爲此期中消費棉花最多之年度；一八八四年爲九百六十六億七千萬公斤。觀此五年度之計數，則見消費棉花數量增減無一定趨勢，其中以一八八三年度最多，一八八〇年度最少。而在最多與最少之間的差數頗大。

同時在羊毛的進口方面：一八七一年有一千零二十億公斤；一八七五年有一千二百七十九億六千二百萬公斤；一八八〇年有一千五百十億六千六百萬公斤；一八八四年有一千六百五十九億五千五百萬公斤；表示出一貫增加的趨勢。

在生絲之進口數額方面則高低時有不同；如於一八七一年有一百七十萬二千七百九十八公斤；一八七六年增至二百五十九萬五千五百七十四公斤；六年中竟增加了八十九萬二千七百

七十六公斤，為百分之五十以上之進步。但是，一八八〇年法國輸入之生絲數額，反形減少，只有一百六十八萬零五百九十七公斤，較一八七一年之數還要少；可是一八八〇年法國所消費之生絲數量，則佔一八八〇年至一八八四年數年中之首位，計為一千零一十一萬一千三百三十七公斤，這是什麼緣因呢？這可說是因為法國自己所產的生絲數量增多的原故。一八八三年生絲入口數額又下降，一八八四年更降至最低數，只有八十一萬三千九百十四公斤；但當年之消費額則仍有六百九十一萬零五百零六公斤。

最後，當一八八一年法國全國受雇勞動者人數計有：男子四百三十七萬六千六百零四人；女子三百六十三萬五千八百零二人共為八百零一萬二千四百零六人。

從上述諸經濟統計的數目字當中去研究，以為足使我們對於一八七一年至一八八四年間之法國社會經濟之生產和交易各方面有一個明確的概念。但是，當時法國社會經濟的分配與消費諸方面的情形又如何呢？要解答此一問題，我們又必須從當時之工資與物價等處去分析。

在法國礦工業之統計報告中，我們先找到了自一八七一年至一八八四年間之煤鐵及其他金屬礦生產業中勞動者之工資狀況可簡述之如次。

在煤礦業方面之工人收入當一八七一年，其平均數（男工、女工、童工之工資的平均數）爲每年八百八十一法郎；一八七五年爲一千零五十一法郎；一八八〇年爲一千零四十法郎；一八八三年爲一千一百二十四法郎，爲此期中之最高數；一八八四年爲一千零七十法郎，較之一八七一年之工資，增進一百九十一法郎，有百分之二十四的進步。

在鐵礦業方面之各種工人以年計算之平均數工資，當一八七一年爲六百六十六法郎；一八七五年爲八百七十七法郎；一八八〇年爲九百四十三法郎；一八八二年爲一千零十法郎，爲此時工資之最高數；一八八四年爲九百七十一法郎，較一八七一年的工資，亦行增進了三百零五法郎，有百分之四十六的進步。

在其他金屬礦業方面之每年平均數工資，當一八七一年爲五百三十九法郎；一八七五年爲六百九十四法郎；一八八〇年爲七百二十五法郎；一八八三年爲七百七十四法郎；一八八四年爲七百三十法郎。自一八七一年至一八八四年，工資增進了一九一法郎，有百分之三十五的進步。

同時，在法國統計公報中，又有關於一八七八年之各重要地域之各種事業中的平均數工資的統計，可以摘錄於下（工資以日計算單位法郎）。

業別	巴黎工資	外省工資	業別	巴黎工資	外省工資
珠寶	六・五〇	四・〇五	紅木	七	四・二三
洗衣	三	一・六九	鐘表	六・五〇	四・七九
屠宰	六	二・九二	泥水	六・五〇	三・九四
麪包	六・六五	三・三九	水管	六・五〇	四・一四
製車	五・五〇	三・五三	裝書	六	三・四二
製帽	六・五〇	三・二九	製鎖	六	三・九八
製鞋	六	三・五九	裝配玻璃	六・五〇	三・七七
營屋	六	四・二四			

據此統計表中所載，可以計算出巴黎各業工人之平均數工資爲六・五〇法郎；外省各業工

人之平均數工資爲三・九七法郎。

同時，我們知道當一八六六年時，巴黎之泥水工人日得五・七五法郎；裝配玻璃工人日得五法郎；蓋屋工人日得六法郎；若以之和一八七八年之統計相較，則一八七八年之泥水工人工資增進了百分之十二；裝配玻璃工人之工資增進了百分之二十三；蓋屋工人工資則無多大改變。此外，自一八六四以來，麵包工人工資增進了百分之十八。

但至一八八三年及一八八四年法國各地各業之工人工資，又較一八七八年之所得有進步，可自下列表格中見之（單位法郎）。

業別	巴黎工資	外省工資	業別	巴黎工資	外省工資
珠寶	七・五〇	四・三〇	製打火器	四・五〇	三・〇九
洗衣	四	一・八〇	製車	六	三・七〇
麵包	七	三・六一	製帽	六・五〇	三・六五
蓋屋	七・七五	四	挑土	五	四・八五

紅木	七・七五	三・七〇	製桶	五	二・八五
鐵匠	七	三・九〇	刺繡*	三	一・七二
鐘表	六	四・二〇	女衣*	二	一・八五
印刷	六・五〇	三・九〇	花邊*	三	二・一四
泥水	七・五〇	三・六〇	人工花*	三	二・一〇
漆工	七・五〇	三・八五	製背心*	三	一・八二
水管	六	三・七〇	襯衫*	二	一・六四
裝書	五・五〇		女帽*		一・七〇
地氈	五	三・一〇	木工	八・五〇	四

統觀上表，則知在巴黎各業中之工資與在外省各業中之工資相差頗多，有時爲二對一之比，但有時兩者之差數亦極微。若平均計算，則一般外省工人之收入大約爲巴黎工人收入之五分之三左右。同時，在上列表格中之有*記號之職業，係表示該職業中所雇用者多爲女工，故其一般的

工資，較少於其牠各業中之工人所得。在女工收入中，在巴黎者亦較在外省者爲較多；在巴黎女工之收入爲自二法郎至三法郎；在外省女工之收入，則自一·六四法郎至二·一四法郎。

然而，上述各業工資，均爲各種手藝工業及小規模生產業之工資。同時，法國在此期間之各種大規模生產業中之工人的工資又若何呢？試觀下表（單位法郎）。

業別	塞茵區男工	外省男工	塞茵區女工	外省女工
雲石	五·八五	三·七〇		
絲帶、陶器、磁器	四·九〇	三·四〇		
玻璃與水晶	五·七〇	五·三〇		
硝皮	五·五〇	三·六〇		
花紙	六	三·二〇		
煤氣	八·五〇	三·五〇		
化學	四·九五	三·四五	二·四五	一·八五
精糖	五	三·四〇	二·五五	一·六五

繅絲	五·五〇	三·一〇	三	一·六五
紡紗	五·七五	三·三五	三·〇五	一·九五
紡毛	四·七五	三·二五	二·八五	一·八五
紡麻		三·三〇		一·九五
織綢		三·二〇		一·八五
織布		三·三〇		二·〇五
織呢		三·二八		一·九五
氈帽	五·九〇	三·七五	二·九五	一·七五

據上表所載，知巴黎男工工資最低爲四·七五法郎，最高爲八·五〇法郎；同時，外省男工之最高工資爲五·三〇法郎，最低工資爲三·一〇法郎。所以，巴黎與外省之男工的工資差別，是很明顯的。計算起來，巴黎男工工資，大約比外省男工工資超出百分之五十。至在女工方面，巴黎的女工收入和外省的女工收入，也有很顯著的差別。巴黎女工工資最高爲三·〇五法郎，最低爲二·

四五法郎；外省女工工資最高爲二・〇五法郎，最低爲一・六五法郎。故前者之平均數爲二・七五法郎；後者之平均數爲一・八五法郎。兩者之相比，大約爲五對三之比。至於巴黎男工與巴黎女工之工資相比，約爲二對一之比；可是外省之男女工工資之相比，則其相差無如此之多。

又據法國政府之統計，當一八五三年至一八五七年期間及一八七四年時候，在三十四種實業中之男工工資之平均數，前後相比，則其結果爲：在有些省份，一八七四年之工資較一八五三年至一八五四年期間之工資增加了百分之五十以上；其餘省份之比例則爲百分之二十左右的增加。（註一）

同時，在巴黎之各種手藝工人之工資收入上，一八八〇年之平均數，較一八六一年之平均數，亦有百分之十六至百分之五十的增加。

最後關於農業生產上之農工之工資，則有下列統計可供研究（單位法郎）。

表一　供膳食之農業工人之工資統計表

工別	夏季工資		冬季工資	
	一八六二	一八八二	一八六二	一八八二
男工	一·八二	一·九八	一·〇八	一·三一
女工	一·一三	一·一四	〇·六二	〇·七九
童工	〇·七七	〇·七四	〇·四三	〇·五二

據上表，則知當一八八二年夏季男工工資較一八六二年之工資增進百分之九；冬季工資之增進，則爲百分之二十二。至在女工方面，則一八八二年之夏季工資，較一八六二年工資之增加，有百分之一；而冬季工資之增加，則有百分之三十。童工方面之夏季工資不惟不增反而有退，冬季工資，則亦增進百分之二十左右。同時，如在其牠各業中，一般地女工工資與男工工資之比例，亦約爲三與五之比。

表二　不供膳食之農業工人工資統計表

工別	夏季工資		冬季工資	
	一八六二	一八八二	一八六二	一八八二
男工	二·七七	三·一一	一·八五	二·二二
女工	一·七三	一·八七	一·一四	一·四二
童工	一·二二	一·三一	〇·八二	〇·九五

據上表，則見男工夏季工資，自一八六二年至一八八二年，增加了百分之十五；冬季工資，增加了百分之二十。女工之夏季工資增加了百分之八，冬季工資增加了百分之二十五。童工之夏季工資增加了百分之八，冬季工資增加了百分之十五。男工工資與女工工資之相比，卻仍爲五對三之比例。

此外，在農村中之種花工人，當一八八二年夏季，男工日得工資三·一〇法郎；冬季得二·三八法郎。女工於夏季之工資爲一·八〇法郎；冬季爲一·三〇法郎。童工於夏季日得一·二二法郎；而其冬季之工資只有〇·八九法郎。

至於農村中地主或富農所雇用的家僕，每年可得四百六十五法郎之酬報；推車者則年得三百二十四法郎；放牛兒童十六歲以下者二百八十九法郎；同年齡之看羊者有二百九十法郎；乳餅司務年得四百三十一法郎；家庭小使亦有一百四十法郎而農家之女傭的一年的工資則爲二百三十五法郎。

以上所述，爲自一八七一年至一八八四年間法國各業勞動者之工資收入狀況。現當再考察當時各類生活必需品價格，以明一般人民的生活情況。

生活必需品中最重要的當然要算麪包和牛乳。麪包每一公斤之價格，當一八八〇年爲·三五〇法郎；一八八二年爲·三四二法郎；一八八四年爲·二九一法郎；所以麪包價格之趨勢，在這數年中，是下降的。至於牛乳每公升的價格，當一八八〇年爲·二六七法郎；一八八二年爲·二二八法郎；一八八四年爲·三〇〇法郎；故牛乳價格之漲落，無一定的趨勢，若以一八八四年之價格與一八八〇年之價格相比，則增進百分之十二以上。

現在，我們且將在此期間之其他許多的生活必需品價格，製表列後，並以之和一八五一年至

一八五六年及一八六一年至一八六六年之價格相比較（單位法郎）。

年度	肉類（公斤）	豬肉（公斤）	奶油（公斤）	魚類（公斤）	蛋（枚）	馬鈴薯（公斤）	乳餅（公斤）	食油（公斤）
一八五一	〇.九二	一.四五	一.九一	.七六	.〇四九	.〇三	一.二三	一.三九
一八五六	一.二〇	一.八七	二.二九	.九一	.〇五九	.〇八	一.四〇	一.七二
一八六一	一.五一	一.九四	二.四五	.九一	.〇六四	.一〇	一.四五	一.八四
一八六六	一.二一	一.七二	二.七一	.八五	.〇六〇	.〇七五	一.六五	二.〇四
一八七一	一.六九	二.二〇	三.四五	.八五	.一〇四	.〇九	一.八五	二.〇六
一八七二	一.六一	一.八五	三.一一	.七八	.〇八三	.〇七	一.六九	一.七四
一八七三	一.六一		三.一三	.七四	.〇八一	.〇九	一.八四	一.八二
一八七四	一.五七	一.九〇	三.二三	.七一	.〇八一	.〇八	一.八四	二.二九
一八七五	一.三三	一.八一	三.一七	.七五	.〇八三	.〇六	一.四三	一.六四
一八七六	一.三六	一.八〇	三.三二	.七七	.〇八七	.〇九	一.八四	一.五九
一八七七	一.三一	一.八五	三.二八	.八〇	.〇九一	.一〇	一.八八	一.五六

一八七八	一·四八	一·八五	三·二四	·七四	·〇九〇	·一〇	一·八二	一·七〇
一八七九	一·五一	一·七八	三·一四	·七〇	·〇九六	·〇九七	一·七〇	一·六八
一八八〇	一·四四	一·七五	三·三八	·六八	·一〇三	·〇九七	一·四五	一·八〇
一八八一	一·五〇	一·七五	三·三五	·六七	·一〇二	·〇八七	一·三七	一·八六
一八八二	一,三九	一·三七	三·二六	七·三	·一〇二	·一三一	一·三五	一·九〇
一八八三	一·四五		三·三一	·七〇	·一〇〇	·一〇三	一·三〇	一·九〇
一八八四	一·五六			·六八	·〇八九	·一〇一	一·二五	一·八二

自上表中觀察，知自從一八五一年至一八八四年，肉類的價格升漲了百分之七十；而自一八七一年至一八八四年之肉類價格也是有上升的趨勢。至於豬肉價格，在此一期段中以一八七一年之價格爲最高；自一八七一年之後，豬肉價格頗有下降之趨勢；如一八七一年每公斤售價二·二〇法郎，而一八八二年之價格，卻只有一·三七法郎。關於奶油價格，則自一八五一年至一八八四年，增加了有百分之七十以上；但自一八七一年至一八八四年之增加，卻只有百分之二左右。魚

類之價格，則反而降低了；如一八八四年一般的魚價，就比一八五一年之價格要低落百分之十二左右。但雞蛋的價格卻提高了；當一八八一年及一八八二年雞蛋售價〇·一〇二法郎一枚，比一八五一年間之蛋價，要超過一倍以上的。可是乳餅的價格倒又減低了一些，一八八四年和一八七一年之比較，低落了有百分之三十五左右。他如番芋的價格，則自一八五一年至一八八四年增加了三倍有餘；而且，在此期段中馬鈴薯之最高價格，即一八八二年之價格還超過一八八四年之價格的。食油之價格由一八五一年至一八八四年，也有百分之三十的增加；不過自從一八七四年以來，則其趨勢反而下降。

同時，在生活必需品中，除以上所列舉者外，尚有如酒、醋、鹽、糖、煤等生產物，亦爲生活上所不可少的東西。所以，這兒還有一爲引證此諸種物品之價格的統計材料的必要（單位法郎）。

年度	醋（公升）	酒（公升）	鹽（公斤）	糖（公斤）	煤（公噸）	燈油（公斤）	燭（半公斤）
一八五一	·三八	·四八	·二五		二七·九〇	一·二二	三·四五
一八五六	·六〇	·八五	·二三		四九·八〇	一·六〇	三·一九

一八六一	·四七	·七五	·二四		四四·二〇	一·四二	二·〇九
一八六六	·四四	·六二	·二〇	·二八	三〇·九〇	一·五二	二·五四
一八七一	·五一	·六五	·二〇	一·六〇	三八·五〇	二·二三	二·四一
一八七二	·三四	·六五	·一九	一·六〇	三九·一〇	一·五六	一·四〇
一八七三	·四三	·六五	·一八	一·五九	四八·二〇	一·三三	一·一〇
一八七四	·五六	·八九	·二〇	一·五三	五〇·七〇	一·三〇	一·二二
一八七五	·四八	·五八	·二〇	一·五〇	四六·四〇	一·二八	一·二八
一八七六	·五二	·五九	·二〇	一·四三	四四·二〇	一·三六	一·二三
一八七七	·四八	·六三	·一八	一·六二	四一·三〇	一·四二	一·二二
一八七八	·四六	·六九	·二二	一·四六	三〇·八〇	一·五三	一·一五
一八十九	·四六				四〇·四〇	一·四二	一·一五
一八八〇	·五三	·七五	·二四	一·四二	二九·八四	一·三七	一·一〇
一八八一	·五二	·七二五	·二四	一·一四	二九·八二	一·三〇	一·〇六

一八八二	.五三	.七一八	.二三	一.一二	二八.〇一	一.三八	一.〇七
一八八三	.四七	.七〇七	.二三	一.〇八	二八.七七	一.四〇	一.〇九
一八八四	.四五	.六六七	.二二	一.〇九	二八.六二	一.三八	一.一七

據上表，可知醋之價格自一八五一年至一八八四年增加了百分之二十；但是若以一八八四年之價格與一八七一年之價格相比，則又減低了百分之十二。酒之價格，則無多大變動；鹽價也沒什麼變化。糖價，則自一八八〇年後，較以前是減低了。一八八四年之糖價若對一八六六年之價格比較，是減低了百分之十五；若以之和一八七一年之價格比較，則減低了有百分之三十二之多。至於煤之價格，一八八四年與一八五一年之價格相差有限；不過若與一八七一年至一八七九年諸年度相比，則顯爲降低。燈油價格則略爲稍漲，一八八四年較一八五一年之價格，升漲了百分之十三；其他諸年無多大變化。至於燭價，則有一貫下降的趨勢；一八八二年之價格，不過一八五一年價格之三分之一。

以上所述，爲自一八七一年至一八八二年間之法國一般生活必需品價格的分析。在這樣一種價格之下，我們且再來看一看當時的一般工資收入者的實際生活狀況若何。這兒，我們且將一八八二年至一八八四年之巴黎的製帽工人，地氈工人，鐘表工人，及木工等人之購買能力，以及一般工人之生活費用等作一個簡單的報告。

巴黎的製帽工人有六·五〇法郎一天，用他們每日所得的工資，合以當時的物價，他們便可以購買十四公斤的麵包或者是三千七百三十公分的肉類或者是一千六百公分的奶油或者是七十二枚鷄蛋；或者是六十公斤的馬鈴薯。

又木工每日可得工資八·五〇法郎，他的購買力則爲十八公斤的麵包或四千八百八十公分的肉類或二千二百二十公分的奶油；或九十四枚鷄蛋；或七十七公斤的馬鈴薯。

又地氈工人每日所得爲五法郎，若以之購買麵包得十一公斤；購買肉類得二千八百五十公分；購買馬鈴薯，則得四十五公斤。

同時鐘表工人每日的工資爲七法郎，他的購買力爲麵包十五公斤半；或肉類四千公分；或馬鈴薯六十三公斤。

至在外省之工人如珠寶工人者，則其每日收入之工資可購得十二公斤的麵包；或二千六百公分的肉類；或一千六百六十公分的奶油或五十四枚鷄蛋。若爲地氈工人，則其每日所得之購買力又爲：八公斤六百公分的麵包；或二公斤的肉類；或一千二百公分的奶油；或三十九枚鷄蛋。

於是，如同巴黎之木工，連同其妻與其二孩共四口之家，當一八五〇年，每年須支出七百六十六法郎作爲食物的代價；一八六〇年，則須支付九百八十四法郎的代價；一八七〇年，則須支付一千零一法郎的代價；而當一八七一年之一家食物代價爲一千二百三十法郎；一八七五年爲九百八十七法郎；一八八〇年爲一千一百二十二法郎；一八八四年爲一千零六十四法郎。故一八八四年之支出較一八七〇年之支出增加百分之七。若以之對一八三五年，一八四五年，及一八五〇年之食物支費相比，則其增加率爲百分之三十，百分之二十，及百分之四十。

但是，生活上除食物之爲必需外，尚有衣服及住屋等等。衣服之消費價格難得規定，故一時無從考察。而住屋之租金，在巴黎，當一八六五年至一八七八年時，增漲了百分之十左右。（註二）故一般工人家庭所支出的房租，在一八七〇年代約爲每年二百五十五法郎；至一八八〇年代，則須支付二百八十法郎了。

以上各節，爲法國當一八七一年至一八八四年間之社會中的生產、交換、分配、消費等各方面之實況的分析。

(三)一八八五年至一九一四年之法國社會經濟

法國自普法戰爭失敗後，以中間經過十餘年的休養生息，所以國家元氣又漸恢復過來。自一八八四年至一九一四年共三十年的期間中，法國社會經濟有着如下諸種特質，且先簡述於下。

(1)在此期段中，資本主義的實業更集中化，更強大化，而新式生產工具之使用更形普遍，且有許多更新的發明。

(2)不論在礦業中，五金工業中，化學工業中，紡織工業中，商業中，運輸業中，及銀行業中，均由股票公司的組織，而使資本尤爲集中。

(3)工廠規模愈大，所使用的勞動者人數愈多，故在每一大工廠中，常有數千人以至數萬人的集合。同時，農村中的人工，也愈向都市集中。

(4)工業生產既然發達，故法國生產業中向以農業爲主者，今則工業生產升佔首位。

(5)對於原料的消費數量大增。

(6)殖民地地域推廣，並加緊對殖民地人民的剝削。

(7)在資本主義國家間爲了原料供給地與商品銷售市場之競爭日形劇烈。

(8)爲了國際間之經濟利害的矛盾與衝突，所謂秘密外交、軍事同盟等事件，層出不窮。在世界大戰爆發前數年中，整個的歐洲便充滿了這些交涉的活動。

(9)同時社會中勞動者階級的勢力亦漸強大。

(10)無產階級的政黨與無產階級的工團之組織正式成立，而其組織內容逐漸改進，團體力量增加而健全。

總之，法國社會經濟既已發展到了帝國主義的階段，故在帝國主義階段中所具有的特徵，在此期間，便一齊表現出來了。

現在且先考察自一八八五年至一九一四年之法國人口總額及各生產業中人數的分配。以後再依次研究此一期段中法國社會經濟之生產、交換、分配以及消費等諸方面的情形。

法國人口總額當一八八五年爲三千八百一十一萬人；一八九〇年爲三千八百三十八萬人，五年來增加二十七萬人，爲百分之〇·七的進步。一八九五年爲三千八百四十六萬人；一九〇〇年爲三千八百九十萬人；一九〇五年爲三千九百二十二萬二千人；一九一三年爲三千九百七十萬人。計算起來，一八九五年之人口，比一八九〇年增加不過八萬人，故其百分率更小。一九〇〇年之人口較一八九五年人口增加爲四十四萬人，爲百分之一·一以上之增加，故其百分率又較大。一九〇五年人口較一九〇〇年增加三十二萬二千人，故增加之百分率又較小，不及百分之一。一九一〇年人口較一九〇五年人口增加三十萬零六千人，亦不及百分之一。一九一三年人口較一九一〇年人口則增加十七萬二千人，其百分率更小，但是若以一九一三年之人口和一八八五年之人口相比，則增加數有一百五十八萬九千人，爲百分之四以上之增加。

在法國國內操業的人，據統計，當一八八六年有一千五百十四萬三千人，佔當時人口總額之百分之四十。當一九〇六年有二千零七十二萬零八百七十九人，佔當時人數百分之五三・三（不生產勞動者的軍隊也包括在內）。

至從業於各種事業中的從業員人數，則可列成統計表格如下。

業別	一八六六年	一八九六年	一九〇六年
礦業	七八、三一一	一五六、三七六	二〇五、八九八
食物業	三〇八、四五一	四四四、五七三	四七九、〇六一
化學工業	四八、九七一	八四、〇六一	一二四、六四四
橡皮紙張業	二五、一三六	五八、三三二	八四、六五五
書業	三七、七一七	八二、五三五	一〇七、四八一
紡業	一、〇七一、三八四	九〇一、二九九	九一三、九八九
織業	七六一、四八四	一、三〇三、六三九	一、五五一、一三一
皮革	二八五、六一六	三三四、七〇二	三三四、二〇三

木業	六七一、二一九	六七七、五九三	七〇六、六九五
五金業	三四五、三〇〇	六六三、六〇五	八五六、二〇六
建築業	四四三、四〇九	五五二、五七八	五五〇、一三〇
燒石燒土業	一一〇、四五三	一四五、七四〇	一六六、八三一
各業經理	二六二、〇八〇	二九〇、九〇三	三九五、〇五二
運輸業	二三七、五三四	四二一、五八八	四九二、三二五
各種商業	八五八、三一二	一、四九二、九二一	一、八六四、二一〇
銀行保險業	四六、九二七	五一、五三〇	七五、〇四〇
軍隊	三七四、六〇六	五六七、一二九	五九三、九〇一
自由職業者與行政人員	九九九、三六五	一、四九八、五〇〇	一、六二六、〇四〇
家庭傭工	一、二七八、一一七	九一六、九七〇	九四六、二九三
漁業、森林及農業	七、二三一、六八三	八、五〇一、六八五	八、八五五、〇五三

據上列統計，在各種生產業中之從業人員，當一八六六年，除漁業農業方面外，當以紡業中的

人數爲最多，而橡皮紙張業中的人數爲最少。當一八九六年，則最多人數之生產業爲漁業農業，其次爲各種商業與織業，最少人數者爲銀行保險業。當一九〇六年，則多少次序仍與一八九六年者同。但在此統計中從事農業人數之所以顯多者，蓋因此數額爲包括漁業，森林業，及農業三業從業員之宗人數而言，非如各種工業及商業之以分散計算者也。故若和工業與商業之從業員總數以與農業漁業森林業從業員之總人數相較，則相差又無幾也。同時，依上列統計，則在農業從業員人數中，一般地主亦包括在內；法國多小地主，故地主之人數頗多，非如工商業中之屬於少數大資本所經營；此又農業等從業員人數多於工商業從業員人數之另一理由也。若以各業中所雇用之勞動者數量來計算，則當一八九六年，漁業、森林、及農業中，雇用三、二八三、六〇四人；一九〇六年雇用二、六八八、八一九人；同時，當一八九六年，工業與運輸業中雇用三、三〇四、七三六人；一九〇六年雇用三、八七一、五九二人；依此計算，則農業等生產中雇用之工人不如工業與運輸業中所雇用者爲多；同時農業等生產上所雇用的人數有減少的趨勢，而工業等生產上所雇用的人數則又有增加之趨勢，是又不可不知者也。

在小麥之生產方面，一八八五年之耕種地爲六百九十五萬六千公頃，產量爲一億零九百八十萬公石；一八九〇年使用土地七百零六萬一千公頃產小麥一億一千六百九十萬公石，產量及耕種面積均較前增進；一八九五年使用土地面積爲七百萬零一千公頃產量一億二千萬公石，是耕種面積較一八九〇年爲小，但產量過之；一九〇〇年之耕種小麥土地爲六百八十六萬四千公頃，產小麥一億一千四百七十萬公石，耕地面積及小麥產量均較少於五年之前；一九〇五年之耕種小麥地爲六百五十一萬公頃，產量一億一千八百二十萬公石，使用土地面積較一九〇〇年爲少，但產量則較多；一九一〇年所使用之土地爲六百五十五萬四千公頃產量九千零八十萬公石，均較五年前減低；一九一三年之種小麥地爲六百五十四萬四千公頃，產量一億一千三百三十萬公石。較五年前之耕地面積減少，但產量又超過之。總觀自一八八五年至一九一三年，法國用以種植小麥的地面，由六百九十五萬六千公頃減至六百五十四萬四千公頃，減少了四十一萬二千公頃；但是，小麥之產量則由一億零九百八十萬公石增至一億一千三百三十萬公石，共增加了三百五十萬公石。故若計算每公引土地之生產率，則一八八五年爲一五·七八公石，而一九一三年則爲一七·三一公石。這就是說，一九一三年之每公引土地比一八八五年之每公頃土地可以多生產一·五三公石的小麥。至其所以有進步的原因，當然是因爲農耕上之各方面的改良的成效了。

且再看馬鈴薯的生產。法國於一八八五年產馬鈴薯一億一千二百四十萬公擔；一八九〇年生產一億一千零四十萬公擔，較五年前爲減少；一八九五年生產一億二千九百二十萬公擔，較以前又增加了許多；一九〇〇年生產一億二千二百五十萬公擔，比五年前略減；一九〇五年生產一億四千二百六十萬公擔，比較以前又復增加；一九一〇年生產八千五百二十萬公擔，爲此期段中生產馬鈴薯最少之年；一九一三年生產一億二千九百八十萬公擔，雖不如一九〇五年所產之多，但較一九〇〇，一八九五，一八九〇，及一八八五諸年都有進步。若以一八八五年之產量與一九一三年之產量相比，則相差爲一千七百四十萬公擔。但一九一三年之產量，還不是最高的數額，在此期段中產量最多的年度，爲一九〇九年，當年產量爲一億六千六百八十萬公擔，較一八八五年之生產，超過五千四百四十萬公擔之數額。

關於爲法國重要產物之一的葡萄酒的生產，一八八五年產三千一百五十萬公石；一八九〇年產二千七百四十萬公石，較五年前減少四百一十萬公石；一八九五年產二千六百七十萬公石，較以前又行減少；一九〇〇年產六千七百三十萬公石，較以前大形增加，且爲此期段中產酒最多之年度；一九〇五年產五千六百六十萬公石，產量亦很可觀；一九一〇年產二千八百五十萬公石，又較前大減；但一九一三年產四千四百二十萬公石，產額又趨上升。若以一九一三年之產量和一八八五年者相比，則增加了一千二百七十萬公石，爲百分之四十以上之進步。

在礦產方面，如煤之產量，當一八八五年爲一千九百五十萬公噸；一八九〇年爲二千六百十萬公噸，較前增加六百六十萬公噸；一八九五年爲二千八百萬公噸，又復增加一百九十萬公噸；一九〇〇年爲三千三百四十萬公噸，又較前增加五百四十萬公噸；一九〇五年爲三千五百九十萬公噸，較一九〇〇年又增加二百五十萬公噸；一九一〇年爲三千八百三十萬公噸，又增進二百四十萬公噸；一九一三年爲四千一百萬公噸，又增進二百七十萬公噸。若以一九一三年產量和一八八五年者相較，則增加二千一百五十萬公噸，爲百分之一百十以上之進步。

鐵礦之產額，則當一八八五年爲二百三十萬公噸；一八九〇年爲三百五十萬公噸，較前增進一百二十萬公噸；一八九五年爲三百七十萬公噸，又增加二十萬公噸；一九〇〇年爲五百四十萬公噸，較一八九五年又增進一百七十萬公噸一九〇五年爲七百四十萬公噸，又增進二百萬公噸；一九一〇年爲一千四百六十萬公噸，較前大有進步；一九一二年爲一千九百二十萬公噸，若與一八八五年之產量比較，增加有一千六百九十萬公噸之巨數，爲百分之八百以上之進步。

至在生鐵方面之產量，一八八五年有一百六十萬公噸；一八九〇年有二百萬公噸；一八九五年有二百萬公噸；一九〇〇年有二百七十萬公噸；一九〇五年有三百萬公噸；一九一〇年有四百萬公噸；一九一三年有五百二十萬公噸；故亦爲上升的趨勢。計自一八八五年至一九一三年，生鐵產量增加三百六十萬公噸，爲百分之二百以上之進步。

在熟鐵與鋼鐵方面之生產，則當一八八五年爲一百三十萬公噸；一八九〇年爲一百四十萬公噸；一八九五年爲一百五十萬公噸；一九〇〇年爲一百九十萬公噸一九〇五年爲二百十萬公噸；一九一〇年爲二百八十萬公噸；一九一二年爲三百八十萬公噸；故其產額，亦爲上升的趨勢。若以一九一二年之產量與一八八五年者相較，則增進二百五十萬公噸，爲百分之二百左右的進步。

在精糖之生產方面，當一八八五至一八八六年度，生產二億六千五百萬公斤；一八九〇至一八九一年度，生產六億一千七百萬公斤；一八九五至一八九六年度，生產五億九千三百萬公斤；一九〇一至一九〇二年度，生產十億五千一百萬公斤，爲此期段中生產量最多之一年；一九〇五至一九〇六年度，生產九億八千四百萬公斤；一九一〇至一九一一年度，生產六億五千萬；一九一二至一九一三年度生產八億七千七百萬公斤，較一八八五至一八八六年度增加六億一千二百萬公斤之巨額，爲百分之二百以上之進步。

現在且將自一八八五年至一九一二年間法國使用蒸汽機關之實業單位及蒸汽機關數量列表如下，以見法國社會經濟發展之程度。

年度	使用蒸汽機關之實業單位	蒸汽機數	年度	使用蒸汽機關之實業單位	蒸汽機數
一八八五	四一、二七四	五〇、九七九	一八八七	四三、七一一	五四、〇三四
一八八六	四二、五七一	五二、四七一	一八八八	四四、六一七	五五、四三五

一八八九	四五、四六七	五六、八六五	一九〇一	五八、一五一	七五、八六六
一八九〇	四六、六七一	五八、七五一	一九〇二	五八、七四五	七六、八六一
一八九一	四六、八二八	五八、九六七	一九〇三	五九、二五一	七七、六三八
一八九二	四七、七〇九	六〇、三九三	一九〇四	六〇、三五〇	七八、五九七
一八九三	四九、〇三五	六二、二二六	一九〇五	六一、一一二	七九、二〇三
一八九四	五〇、一八〇	六三、五一八	一九〇六	六一、五五三	七九、五〇七
一八九五	五一、四五八	六五、五九五	一九〇七	六一、七八三	七九、七七三
一八九六	五二、九七八	六七、三四七	一九〇八	六二、一一四	八〇、九二六
一八九七	五四、一〇七	六八、七四三	一九〇九	六二、四六四	八一、二三五
一八九八	五五、〇六三	七〇、七五五	一九一〇	六三、一三五	八二、二三八
一八九九	五六、一三六	七三、〇九一	一九一一	六二、九〇一	八一、六二〇
一九〇〇	五七、三〇六	七四、六三六	一九一二	六三、〇八二	八一、六七五

統觀上表，則知自一八八五年至一九一二年期間，法國使用蒸汽機關之實業單位逐年增加，

而使用蒸汽機關的數量亦逐年進步。譬如一八八五年之使用蒸汽機關之實業單位爲四萬一千二百七十四個，當一九一二年卽有六萬三千零八十二個，增加了二萬一千八百零八個，爲百分之五十以上的增加。又如在使用之蒸汽機關的數量方面，一八八五年有五萬零九百七十九架，一九一二年便增至八萬一千六百七十五架，一共增加了一萬零六百九十六架，也有百分之二十以上的進步。

至在交通運輸方面，如國內之鐵道的建設，在此期段中亦復有很大的進步。當一八八五年法國有鐵道三萬零四百九十一公里；一八九〇年有三萬三千五百五十公里，較前增進三千零九公里；一八九五年有三萬六千三百三十七公里，較前又增進二千八百三十七公里；一九〇〇年有三萬八千零四十四公里，較前增加一千七百〇七公里；一九〇五年有三萬九千六百零七公里，較以前又增加一千五百六十三公里；一九一〇年有四萬零四百八十四公里，較前增加八百七十七公里；一九一二年有四萬零八百五十四公里，較前又增三百七十公里。若以一九一二年之鐵道里數與一八八五年者相比，則增多一萬零三百六十三公里，爲百分之三十以上之增加。

至關於工業生產方面之發展狀況，我們可以從當時之煤與石油之消費，及棉花與羊毛之消費數量上去認識。現將此四種重要的工業原素之消費數量列表如下。

年度	煤（單位百萬公噸）	石油（單位千公擔）	棉（單位百萬公斤）	毛（單位百萬公斤）
一八八五	二九・九	一、三七四	一三一・八	一九九・五
一八八六	二八・七	一、三九五	一一六・七	二二七・二
一八八七	二九・七	一、五一八	一五四・九	二一一・三
一八八八	三一・四	一、七〇五	一二一・七	二〇四・五
一八八九	三二・九	一、八二五	一四三・四	二一八
一八九〇	三五・五	一、九六四	一四六・七	二〇九・六
一八九一	三五・六	一、九二一	一七六・三	二三六・九
一八九二	三五・六	二、一三〇	二〇二・一	二二九・六
一八九三	三四・九	二、五八八	一六四	二三七・四

一八九四	三六·九	二、九二六	一八六·五	二四一·五
一八九五	三七	二、九〇八	一七八	二三〇·四
一八九六	三八·三	二、九九七	一六二·二	二六六·三
一八九七	四〇·一	三、一五五	二一七·四	二四二·八
一八九八	四一·五	三、三九一	二〇二·六	二六一·七
一八九九	四三·四	三、三六四	二〇二·八	二六五
一九〇〇	四六·八	三、五〇六	一九三·四	二〇二·八
一九〇一	四五·三	三、八三四	二一二·七	二六二·五
一九〇二	四二·六	三、八〇〇	二一三·六	二三七·一
一九〇三	四七·一	四、二五五	二五三·二	二四九·一
一九〇四	四五·八	三、九三九	二一〇	二二一·八
一九〇五	四八·七	四、一三六	二四〇	二二八·四
一九〇六	五一·七	四、八二〇	二〇五	二五一

一九〇七	五五	三、五一五	二二八・六	二六六・五
一九〇八	五四・七	四、三一一	二三一・八	二三九・一
一九〇九	五六・三	四、二〇〇	二六〇	二八三・八
一九一〇	五六・三	四、一三七	一五八・一	二七三・七
一九一一	五九・五	五、二六〇	二五二・五	二七二・一
一九一二	六〇・六	五、五二八	二七五・七	二五八
一九一三	六三・四	五、六一四	二七一・三	二六八

據上表，則知法國於一八八五年所消費之煤爲二千九百九十萬公噸，一九一三年則消費六千三百四十萬公噸，消費額較前增加三千三百五十萬公噸，爲百分之一百以上之增進。在石油方面，一八八五年消費一百三十七萬四千公擔，一九一三年則消費五百六十一萬四千公擔，消費額亦較前增加四百二十四萬公擔，爲百分之三百以上之增進。至關於棉花之消費，當一八八五年爲一億三千一百八十萬公斤；一九一三年爲二億七千一百三十萬公斤，消費額較以前亦增加了有

一億六千八百五十萬公斤，爲百分之一百以上的進步。當時對於羊毛之消費，一八八五年爲一億九千九百五十萬公斤；一九一三年爲二億六千八百萬公斤消費額較以前增進了六千八百五十萬公斤，爲百分之三十五左右的進步。

同時，法蘭西銀行之貼現數額，當一八八五年爲九十二億五千萬法郎；一八九〇年爲九十六萬零九百萬法郎；一八九五年爲八十六億二千二百萬法郎；一九〇〇年增至一百二十二億四千七百萬法郎較五年前有三十六億二千五百萬法郎之增進；一九〇五年爲一百零九億六千七百萬法郎；一九一〇年又增至一百四十五億八千萬法郎；一九一三年之貼現數額爲此期段中之最大數額，計有二百億零五百萬法郎。自一八八五年至一九一三年，法蘭西銀行之貼現額故有百分之一百以上的增加，其相差數量爲一百零七億五千五百萬法郎。

至關於當時法國之對外貿易，則當一八八五年輸入爲四十億八千八百萬法郎；輸出爲三十億八千八百萬法郎；總額爲七十一億七千六百萬法郎。一八九〇年之輸入爲四十四億三千六百萬法郎；輸出爲三十七億五千三百萬法郎；總額爲八十一億八千九百萬法郎。一八九五年輸入爲三十七億一千九百萬法郎輸出爲三十三億七千三百萬法郎；總額爲七十億九千二百萬法郎，較前略減；一九〇〇年輸入爲四十六億九千七百萬法郎輸出爲四十一億零八百萬法郎；總額爲八十八億零五百萬法郎，較前又有增加；一九〇五年輸入爲四十六億七千三百萬法郎；輸出爲四十七億六千二百萬法郎；總額爲九十四億三千五百萬法郎，較前又有增進；一九一〇年之輸入爲七十一億七千三百萬法郎；輸出爲六十二億三千三百萬法郎；總額一百三十四億零六百萬法郎，較前大有增進；一九一三年輸入爲八十四億二千一百萬法郎；輸出爲六十八億八千萬法郎；總額一百五十三億零一百萬法郎，較前仍有增進；至一九一四年度，則因戰爭於八月間爆發，故外貿數量較一九一三年度減少，計輸入有六十四億三千九百萬法郎；輸出有四十八億二千四百萬法郎總額爲一百一十二億六千三百萬法郎。在此數十年間，外貿總額以一九一三年度之數額爲最高；若以與一八八五年之總額相較，則超過八十一億二千五百萬法郎，爲百分之一百以上的進步。同時，在法國之對外貿易額中，輸入之數額是超於輸出之數量的；不過她之輸入，多爲煤、鐵、棉花、羊毛等原料品，故無礙於其工業生產之發達的。

最後，我們再來從當時之遺產的繼承及捐贈的數量上去推測法國的國富概況。據統計，法國當一八八五年度之遺產繼承及捐贈數額共爲六十四億二千八百萬法郎；一八九〇年爲六十七億四千八百萬法郎；一八九五年爲六十九億七千萬法郎；一九〇〇年爲七十七億五千五百萬法郎；一九〇五年爲七十一億七千七百萬法郎；一九一〇年爲六十八億二千六百萬法郎；一九一二年爲七十億零四百萬法郎，較之一八八五年之總額，增加五億七千六百萬法郎。

以上所述，爲法國在一八八五至一九一四年期間之各種生產事業以交換經濟的情況。現在，我們再進而研究當時各業工人之工資及一般生活必需品的價格。

根據法國政府於一九一一年所發表的統計公報，則在一八五三年至一九一一年間法國各地之三十四種重要生產業中之男工的平均數工資，及在各地之五種主要生產業中之女工的平均數工資，有如下列統計表格所示。（工資以日計算單位法郎。）

地區	一八五三	一八九六	一九〇一	一九一一
阿恩	二·〇九 一·五三	三·五六 二·五〇	四·四七 二·二五	四·五〇 二·五〇

安斯納	二·五三 一·三三	四·五三 二·一四	四·五五 二·一七	四·九八 二·五〇
阿里爾	二·〇二 一·一四	三·七七 一·四五	四·四四 一·三一	四·五〇 一·五〇
阿爾卑斯（下）	二·〇〇 一·三〇	三·七四 二·三〇	三·八二 一·四六	三·九〇 一·六〇
阿爾卑斯（上）	二·三二 一·一七	三·六二 二·〇〇	四·二〇 二·六〇	三·八三 二·二四
阿爾卑斯馬呂提姆（Alpes-Maritimes）		四·三二 二·四〇	四·七一 二·〇六	五·〇七 三·八四
阿得席	二·二七 一·四三	三·四三 二·二二	三·七五 二·二五	三·九四 二·〇〇
阿登納	二·三六 一·二〇	四·九二 二·一〇	五·〇〇 二·一五	五·八六 二·六〇
阿呂埃吉（Ariège）	一·六三 一·〇五	三·一二 一·五〇	三·三七 一·九〇	四·六二 一·八二
奧白	二·四三 一·三〇	四·七九 二·六二	四·九六 二·一〇	五·九七 三·一二
奧得	一·九八 一·〇七	三·五六 一·八五	四·〇一 二·〇〇	三·九八 一·六一
阿勿龍	二·一五 〇·九〇	三·二六 一·一〇	三·二四 一·一〇	四·六六 三·〇〇
白爾福	二·二八 一·四三	四·二〇 一·五〇	四·八八 一·九〇	五·九三 二·三〇
布西丟倫尼	三·五九 一·五五	五·〇八 一·七五	四·八八 一·七〇	六·〇〇 三·六二

卡爾伐多	二·一九	一·一四	四·一四	一·二三	四·一三	二·〇〇	四·九〇	一·二八
康打	一·九四	一·一七	二·八九	一·六〇	三·六〇	一·二五	三·九二	一·九五
夏倫特	二·一四	一·八五	四·三一	一·六七	四·三三	一·七一	四·五八	二·二二
下夏倫特	二·三九	一·四六	四·〇一	一·〇〇	四·一五	二·〇〇	四·八八	二·五〇
雪耳	一·九六	一·一一	四·三〇	一·四五	四·五二	二·六〇	四·五六	
高勒斯 (Corrèze)	一·八九	〇·九四	三·四五	一·七五	三·七六	一·四〇	四·四〇	
高斯	二·四三	一·四二	三·六五	一·五三	三·六八	一·七五	四·五五	一·二一
古道 (Côte-d'Or)	二·五九	一·二〇	四·二一	一·八五	五·〇四	二·〇〇	五·二六	二·二〇
古丟諾爾 (Côtes-du-Nord)	一·七四	〇·八〇	三·〇三	一·五五	三·一四	一·九〇	四·一二	二·〇〇
克勒斯 (Creuse)	一·九〇	一·二一	四·一二	一·五〇	三·七六	一·七四	四·六九	二·〇〇
道杜納 (Dordogne)	一·九二	〇·七一	三·〇九	〇·七五	三·二八		四·三一	
都白	一·九五	〇·八一	四·一一	二·一七	四·三五	二·五六	四·九八	三·〇〇
德路姆	二·五〇	一·一八	四·一二	一·五五	三·一五	二·〇〇	四·九四	二·五〇

優爾(Eure)	二·〇〇	一·三六	四·九四	二·五五	四·九八	二·二五	四·五九	二·〇五
優爾路爾(Eure-et-Loir)	二·三九	一·二〇	四·四三	二·二〇	四·二六	一·五五	五·〇三	一·九七
斐尼斯德(Finistère)	一·七八	一·〇七	三·三五	一·二〇	三·八一	一·四七	三·九三	二·三一
加爾	二·五七	一·三五	四·二九	一·九〇	四·一四	二·六〇	四·六五	二·四五
加龍納(上)(Garonne)	二·一八	一·二九	三·七八	一·六〇	四·〇六	二·一〇	五·二〇	二·七七
結爾(Gers)	一·七九	〇·九一	三·一一	·三五	二·九一	一·九〇	三·五五	一·五三
居龍得	二·九二	一·一五	四·七九	二·一〇	四·六四	二·四〇	四·九六	二·〇〇
爾[illegible]而特(Hérault)	二·三九	一·一五	四·四九	二·三〇	四·[illegible]五	二·四二	四·八二	二·四〇
依[illegible]蘭(Ille-et-Vilaine)	一·八四	〇·八八	三·一五	一·二五	三·八三	一·六五	四·七七	二·五九
安得爾	二·一二	一·〇四	三·七一	一·五五	三·九〇	一·五〇	四·六六	一·六〇
安得爾瞀瓦	二·四〇	一·〇〇	四·五一	一·八〇	四·五四	一·八〇	五·四二	二·二五
依舍爾(Isère)	二·四七	一·二〇	四·三〇	二·八〇	四·七四	二·七五	五·二二	二·三七
儉拉	二·一六	一·六〇	四·一四	一·九〇	四·〇四	二·〇〇	四·七八	二·七〇

蘭得斯(Landes)	二·一八	〇·九五	三·一二	一·〇〇	三·七六	一·四四	三·六九	一·三〇
晉瓦雪耳	二·三六	一·一一	四·三九	二·一二	四·七五	三·一〇	四·一一	二·二五
晉瓦	三·〇五	一·二八	四·三二	二·〇〇		二·一五	五·四一	二·二五
上晉瓦	二·二二	一·〇〇	三·五七	一·八七	三·四〇	一·七五	四·二五	二·一〇
下晉瓦	二·五四	一·二二	四·五七	一·七〇	四·九四	一·七七	五·四二	二·〇〇
晉瓦勒	二·四二	一·三一	四·三三	一·五〇	四·四六	一·八〇	四·八五	一·三七
羅特(Lot)	二·〇〇	一·〇四	三·一九	一·七五	二·六六	一·九四	三·五〇	一·八〇
羅特加龍納	二·一五	一·四五	三·五八	一·五八	三·八六	一·五〇	四·二五	一·九〇
路熱爾(Lozere)	一·五五	一·一〇	三·七六	一·八七	三·〇九	二·〇一	三·五九	二·〇〇
門納晉瓦	二·二七	〇·九二	四·四〇	二·四〇	四·一三	二·六五	四·五一	一·七三
孟四(Manche)	一·六六	一·〇〇	三·五三	一·五〇	三·八八	二·一二	四·一三	一·九五
曼納	二·四二	一·四三	四·五九	二·四二			五·一八	二·七五
上曼納	二·六六	一·六三	四·五八	二·〇九	四·八九	一·八八	四·八八	

麥達納（Mayenne）	一·七八	一·〇二	一·三〇	一·三〇	一·四二	一·六〇	一·三九	一·八〇
麥得摩塞爾	二·〇七	一·二八	三·九九	二·八二	四·七一	二·六〇	六·〇二	三·一二
麥次（Meuse）	二·〇〇	一·三一	三·八三	二·三五	四·九八	二·八〇	五·四一	二·四〇
毛畢漢（Morbihan）	一·九五	一·〇五	三·五八	一·六一	三·四一	一·七三	三·九六	二·二〇
尼爾勿爾（Nièvre）	二·五四	一·二七	四·〇六	一·四〇	五·一六	二·三〇	四·八五	二·七〇
諾爾（或北部）	二·五八	一·三四	四·六二	二·三〇	四·六三	二·四〇	五·一七	二·五〇
哦瓦斯（Oise）	二·一三	一·三五	四·四九	二·五〇	五·〇六	一·九六	五·九二	三·〇〇
奥納	一·七四	〇·九三	三·四二	一·七〇	三·七九	一·六六	四·二三	二·一二
巴得加萊	二·三八	一·五二	三·八六	一·八四	四·〇七	一·八八	四·三〇	一·七二
白依得道姆	二·三五	一·二二	四·三二	二·〇八	四·五一	一·一八	四·一一	一·八七
下畢倫納	一·八〇	〇·七六	三·一九	一·六五	三·七〇	一·八六	四·一一	二·一〇
下畢倫納	一·六八	一·〇〇	三·一五	一·六八	三·七四	二·〇四	四·六一	二·一〇
東畢倫納	二·四三	一·四三	一·七〇		四·三七	二·二〇	四·七一	二·二〇

倫尼	二·九二 一·六五	五·〇八	五·六五 二·八〇	六·〇四 三·二〇
松尼	二·六四 一·〇九	四·二二 二·一二	四·〇八 二·一〇	四·六〇 二·一〇
發瓦	二·二二 一·一八	四·〇九 一·八〇	四·五三 一·四二	四·九一 二·一二
沙得	二·一三 〇·七五	三·八一 一·八〇	三·九七 一·六五	四·六〇 二·八〇
沙勿瓦(Savoie)		四·三七 一·二九	四·二七 一·六二	四·七八 二·二〇
上沙勿瓦		四·六七 二·二〇	四·五三 二·[illegible]〇	四·七〇 二·〇六
下塞茵	二·八一 一·二一	五·〇九	五·三三	五·三五 二·一七
塞茵曼納	二·七七 一·五九	五·一六 二·〇六	五·二一 二·三〇	六·二五 三·五〇
塞茵哦瓦斯	二·九九 一·五七	五·七八 二·六〇	五·六三 四·〇〇	六·八七 三·一〇
德舍勿爾	二·一九 一·〇〇	三·九二 一·七五	三·八〇 二·〇六	四·六八 一·七五
梭姆	二·〇九 〇·九六	四·二〇 三·二三	三·九〇 二·一〇	四·四一 二·一二
唐安(Tarn)	一·七一 一·〇三	四·一三 一·六二	三·二九 一·四〇	四·〇二 二·二五
唐安加龍納	二·四七 一·四四	三·〇六 一·七〇	三·七三 二·二〇	三·七七 二·一二

代爾（Var）	二·四四 一·一二	三·六六 一·七○	三·七九 一·七○	四·七九 一·八○
勿奧克柳司	二·四九 ○·九九	四·一二 一·五八	四·○四 二·○五	四·九三 二·○○
遂德（Vendée）	二·一五 一·一八	四·○三 二·○○	三·八六 一·三○	三·七二 一·八○
文臺	一·九九 一·○五	四·○五 一·八七	四·四二 一·六六	四·六八 二·五○
上維因	二·三五 一·○五	四·一八 二·○○	四·八五 一·六二	四·五○ 一·五○
勿奧斯吉	一·七二 一·二一	四·一五 二·七○	四·四四 二·五○	四·六六 二八·○
容納	二·五三 ○·九一	五·○八 一·八○	四·七五 一·八○	五·○一 三·○○

（每行之右方爲男工工資數，左方爲女工工資數）。

統觀上列統計，知當一九一一年男工工資在五法郎以上者，有阿爾卑斯馬呂提姆，奧白、白爾福、布西去倫尼、古道優爾路爾、加龍納、安得爾魯瓦、依舍爾魯瓦、下魯瓦、曼納、麥得摩塞爾、麥次、諾爾、哦瓦斯、倫尼下塞茵、塞茵曼納、塞茵哦瓦斯及容納諸區域。其中以塞茵哦瓦斯之六·八七法郎爲最高數，而以麥遠納之三·二九法郎爲最低數。至於各地工資之總平均數，則當一八五三年爲二·

二四法郎；一八九六年爲四·〇二法郎；一九〇一年爲四·二〇法郎；一九一一年爲四·七三法郎。自一八五三年至一九一一年，法國工人之名義工資增加二·四九法郎，爲百分之一百的進步。若以一九〇〇年之工資爲一〇〇，則一八五三年的工資指數等於五三；一八九六年的指數等於九六；一九一一年的工資指數等於一一三。至關於各地女工之工資，當一九一一年，其收入在三法郎以上者，有阿爾卑斯馬呂提姆、與白阿勿龍、布西丟龍勒、都白麥得摩塞爾、哦瓦斯、倫尼、塞茵曼納、塞茵哦瓦斯及容納等區域。當年工資之最高數爲阿爾卑斯馬呂提姆之三·八四法郎；最低數爲高斯之一·二一法郎。而各地工資之總平均數，則爲：一八五三年一·一九法郎；一八九六年一·八六法郎；一九〇一年一·九八法郎；一九一一年二·二三法郎。若以一九一一年之名義工資對一八五三年之工資相比，則增進一·〇四法郎，爲百分之九十以上之進步。又若以一九〇一年之工資爲一〇〇，則一八五三年之工資指數爲六〇；一八九六年之工資指數爲九四；一九一一年之工資指數爲一一四。同時，若以此期段中法國男工的平均數工資與法國女工之平均數工資相比，則當一八九六年，女工工資爲男工工資之百分之四十六；一九一一年則爲百分之四十八。

以上所述，爲對於法國各地域之平均數工資的分析。

現在再來觀察當時法國各業工資狀況。表格中每行之右方爲巴黎各業之工資數，左方爲法國外省之各業工資數（各省平均數工資），單位仍爲一法郎。

業別	一八九六（巴黎）	一八九六（外省）	一九〇一（巴黎）	一九〇一（外省）	一九〇六（巴黎）	一九〇六（外省）	一九一一（巴黎）	一九一一（外省）
啤酒	五·五〇	三·八二		三·七三	五·〇〇	四·一〇	五·〇〇	四·二五
印刷	七·〇〇	四·三六		四·五〇	七·二〇	四·七三	七·二〇	四·九四
裝書	六·五〇	四·〇五		四·一六		四·三三	六·〇〇	四·六七
硝皮	六·五〇	三·七三		三·七七	六·五〇	四·〇三	六·五〇	四·〇九
馬鞍	六·五〇	三·八六	八·〇〇	三·八五	七·〇〇	四·一五	七·〇〇	四·二六
製鞋	七·五〇	三·六〇		三·五三	八·〇〇	三·八四	七·五〇	三·九五
縫衣	七·五〇	三·九九	八·〇〇	四·一一	七·二五	四·四〇	七·五〇	四·五五
織布	六·五〇	三·一五		三·一六		三·二三		三·三二

製繩	五·五〇 三·三九	三·二八	三·五八	三·六四
製車	七·〇〇 三·九八	七·〇〇 四·一八	七·五〇 四·三五	八·〇〇 四·四四
車木	六·五〇 四·二三	七·〇〇 四·四六	八·〇〇 四·五五	七·五〇 四·八八
紅木	四·三四	八·〇〇 四·五一	八·〇〇 四·六四	九·〇〇 四·八六
地毯	八·五〇 四·四九	九·〇〇 四·八五	八·五〇 四·八〇	九·五〇 五·〇六
鏇木	八·〇〇 四·〇七	六·七五 四·二五	八·四〇 四·四〇	四·五七
木工	七·六五 四·五〇	九·〇〇 四·六〇	八·〇〇 四·八〇	九·〇〇 五·〇五
傢具	六·七五 四·二二	八·〇〇 四·二〇	八·〇〇 四·四四	八·〇〇 四·七〇
銅鍋	八·〇〇 四·五四	七·七五 四·七〇	七·〇〇 五·〇〇	八·五〇 五·四〇
白鐵	六·七〇 四·一一	七·七五 四·二五	八·〇〇 四·五九	八·〇〇 四·七四
水管	七·二五 四·二四	七·五〇 四·四一	七·五〇 四·六四	八·〇〇 四·九二
鐵匠	八·〇〇 四·四三	八·五〇 四·六五	一〇·〇〇 四·九八	一〇·〇〇 五·一二
製爐	六·六五 四·二七	四·四〇	四·六一	八·〇〇 五·〇四

製鎖	六·五〇　四·一八	七·五〇　四·二四	七·五〇　四·四五	八·〇〇　四·六五
車金屬	七·〇〇　四·六五	四·九三	八·〇〇　五·一六	八·二五　五·三九
採石	五·〇〇　三·六一	六·二五　三·七六	三·九六	七·〇〇　四·一六
石工	一〇·〇〇　四·四五	七·六五　四·七二	一〇·八〇　四·九四	九·〇〇　五·一一
泥水	七·〇〇　四·一三	七·二〇　四·二五	七·二〇　四·四六	八·五五　四·八〇
挑土	五·〇〇　三·一七	五·四〇　三·二九	五·四〇　三·四五	七·六〇　三·八二
蓋屋	七·七五　四·四一	八·〇〇　四·五三	七·五〇　四·七二	八·〇〇　五·〇五
漆屋	五·六〇　四·二一	七·二〇　四·三八	七·二〇　四·三九	七·一二　四·七六
彫刻	九·九〇　五·三〇	一〇·〇〇　六·〇九	一二·〇〇　六·三三	一〇·八〇　六·三九
打火器	五·〇〇　三·七〇	六·〇〇　三·九四	四·九五　三·九五	四·一七
陶器	六·〇〇　三·五八	四·〇二	七·〇〇　四·〇六	六·〇〇　四·二六
裝配玻璃	六·〇〇　三·九四	四·〇四	八·五〇　四·三六	七·六五　四·七二
日工	二·七五	二·九一	三·三一	五·〇〇　三·二六

熨衣	三·五〇	一·八二		一·九三	三·七五	二·〇〇	四·〇〇	二·一五
女衣	四·〇〇	一·九七	四·二五	一·九八	四·五〇	二·〇九	三·五〇	二·二八
襯衫	二·五〇	一·七六	三·二五	一·七八		一·九四	三·〇〇	二·〇八
製背心	四·〇〇	二·〇八	五·〇〇	二·三〇		二·三〇	五·〇〇	二·五〇
花邊	四·〇〇	二·〇二	五·〇〇	二·一六	五·〇〇	二·〇五		二·一三
刺繡	四·五〇	二·二〇	五·〇〇	二·二八	五·〇〇	二·二六		二·四四
女帽		二·〇九		二·一四		二·三〇	五·〇〇	二·四八
製桶	六·〇〇	三·九一		四·一三		四·四〇	七·〇〇	四·四八

在上表所列各業中從事於熨衣、女衣、襯衫、背心、花邊、刺繡、女帽各業者爲女子工人，故其工資較其牠各業工資爲少。在巴黎各業中之男子工資的平均數當一八九六年爲六·三七法郎；一九〇一年爲六·九三法郎；一九〇六年爲七·一九法郎；一九一一年爲七·二四法郎；故自一八九六年至一九一一年期間，巴黎工人之名義工資得到了百分之十四的增加。同時，自上列統計表中

觀察，則知工資較高之事業爲木工業、傢具工業、白鐵工業、鐵匠業、挑土業、建築業、製鍋業、雕刻業等；工資較少之事業，除女工所從事之各業外，當以啤酒業爲最。至女工所從事各事之工資，平均計之，當在男工所從事各業之工資的半數。至於在外省各業中之平均數工資，當一八九六年爲三·八五法郎；一九〇一年爲三·九二法郎；一九〇六年爲四·一〇法郎；一九一一年爲四·二二法郎；故在此十餘年中，法國外省工資之增進爲百分之十弱，其增進率沒有巴黎的工資增進率高。同時，法國外省各業工資的平均數，在一八九一年時佔巴黎各業工資平均數的百分之六十；但到一九一一年時，則不及百分之六十。至外省各業女工工資與男工工資相比，亦約爲男工工資的半數。工資較高之業爲雕刻、製鍋、車、金屬、石作、蓋屋、鐵匠、製甑、製爐等諸生產業；而較低工資生產業中除女工從事各業外，尚有織布、製繩等工業。

以下，我們還須考察上表所載諸業之外的其牠各種生產業的勞動者之收入狀況。

當一九一一年，法國農業工人之在阿恩者每日可得一·五〇至四法郎；在安斯納者得二·五〇法郎；在阿爾卑斯馬呂提姆者得二至四法郎；在阿勿龍者得一·五〇至四法郎；在德路姆者得二・五〇至三・五〇法郎；在加爾者得二至四法郎；在勒老而特者得三至四法郎；在猶拉者得四至五法郎；在魯瓦雪耳者得三・五〇至四・六〇法郎；在畢倫納一帶者得三至三・五〇法郎；在沙得者得三至三・五〇法郎；在下塞茵者得三至四・五〇法郎；在塞茵曼納者得四法郎；在塞茵哦瓦斯者得四至五法郎；在唐安者得二・五〇至五法郎；在逢德者得四・五〇法郎；在文台者得二・五〇至三・七五法郎；在勿奥斯吉者得三・五〇至四法郎。

當時磨坊工人之在都白者，每日所得之工資爲四至五法郎；在德路姆者爲四至七法郎；在優爾者爲六至六・四〇法郎；在優爾魯爾者爲五法郎；在斐尼斯特者爲三至三・六〇法郎；在加爾者爲四・八〇法郎；在居龍得者爲三至四法郎；在勒老而特者爲四・五〇法郎；在依爾微蘭者爲四至四・五〇法郎；在猶拉者六法郎；在魯瓦者五法郎；在下魯瓦者四法郎；在麥遠納者三至三・五〇法郎；在諾爾者三至四法郎；在哦瓦斯者六法郎；在巴德加萊者三・五〇至四法郎。

在紡織工業中，當時各類工作工人所得工資有如下述。在荷依斯（Guise）之紡工，日得四至六法郎；在聖昆登的絲帶工，日得三・五〇法郎；德路姆地方之繅絲女工，得二法郎；白爾乃（Bernay）地方之綢帶工，得四法郎，女工則得三法郎；托洛依地方的女帽工，得六法郎；同時，當地之紡工及染工，得四法郎；空得脩諾瓦路（Condée-sur-Noireau）之紡棉工，日得二·七五至三·五〇法郎；同時在該地之工廠中的染工，得四至四·五〇法郎，而織工可得三至四·五〇法郎；在微爾（Vire）之紡工可得三·五〇法郎；在爾勿勒（Evreux）之織工則得六法郎；同時，當地之染工日得三法郎；繞線女工日得一·五〇法郎，理經線女工日得二·五〇法郎，而紡紗男工則得四·七五至五·五〇法郎；在加爾之紡絲女工日得一·六〇法郎；在文台之織工日得四·五〇法郎；在魯瓦之織帶工人得二法郎；工廠中之染工得四·五〇至五·五〇法郎；在聖得田之染絲工人日得五·五〇法郎；綢帶工人得四法郎；理經線女工得二·五〇法郎；在上魯瓦之綢帶工人日得二法郎；織絨工人日得二·五〇法郎；在麥遠納之女織工日得二法郎；在諾爾之織紗工人得四法郎；紡紗工人得三·五〇法郎；梳毛工人得二·四五法郎；女帽舖女工得一·五〇法郎；在里耳之紡紗工人日得五至五·五〇法郎；紗麻工人得四·五〇法郎；女工得三法郎；在魯卑（Roubaix）之梳毛女工得四法郎；紡毛男工得七法郎；在奧納之手織工得一·五〇法郎；染布工得四法郎；漂白工得三法郎在倫尼一帶之製被服工人日得三・二五法郎；織工三法郎；刺繡工四法郎；在亞珉之染絨及染毛工人日得三・五〇法郎；在唐安之織絨線女工日得一・五〇至二法郎；織工得三・五〇法郎；在勿奧斯吉之紡工得三・五〇至三・七五法郎；繞線女工得一・五〇至二法郎；在勒密爾蒙（Remiremont）之繞線女工日得一・七五至二法郎；紡線女工得四・五〇法郎；理經線工人得二・五〇至三法郎；繞線男工得一・七五至二法郎。

在金屬工業中，如在安斯納之製型工人每日可得五法郎；在查爾維爾（Charlevlle）之逋鐵工人日得四・五〇至八法郎；在阿登納之製型工人得五至八・五〇法郎；展鐵工人得五至一〇法郎；在麥徐爾（Mézières）之製型工人得八法郎；製金屬器具工人亦得八法郎；在雷得爾（Ret-hel）之展鐵工人得六至七法郎；在愛克松善老逢斯（Aix-en-Provence）之熔鐵工人得五法郎；在魯瓦之銅匠得三至六法郎；熔爐工人得六法郎；製型工人得五・五〇法郎；鐵匠得五・五〇法郎；在聖得田之銅匠得六法郎；在諾爾之熔爐工人與製型工人得六法郎；在毛白吉（Maubeuge）之精煉工人得一〇法郎；展鐵工人得八法郎；燒鐵工人得九法郎；製型工人得八法郎；在白依得道姆之鐵匠得四·五〇法郎；磨鐵工人得四·五〇法郎；製刀工人得五法郎；在沙翁之熔鐵工人得五·五〇法郎；在梭姆之製鎖工人則得四·五〇法郎。

在皮革業中如在阿勿龍之手套業中，男工得四至四·五〇法郎；女工得一·五〇法郎；在格勒諾白之製皮工人得四·五〇法郎；手套工人得五法郎；在上維也納之製皮工人得三·六〇法郎；手套工人（男工）得三·六〇法郎；女工得二法郎；在福結爾（Feugères）之裁皮工人得五法郎；裝皮工人得四法郎而穿皮女工則得二至二·五〇法郎。

在製紙業中，在安古勒姆（Angoulême）之工資爲二·五〇至四法郎；在聖道麥（Saint-Omer）之工資爲六法郎；在聖猶連（Saint-Junien）之工資爲一·七五法郎；在白讓松之工資則爲四法郎。

在食品工業中，如在微爾之製乳餅工人得三·五〇法郎；在狄降之製麵包司務得五法郎；製芥末者得四法郎。在伐郎斯（Valence）之製細麵條者得四法郎；在爾老而特之餅乾司務得一·五〇法郎；在蒙白利之巧格力工人得四法郎；在南特之製餅乾工人得四法郎；在香浜之製酒工人得三・七五法郎；在霸勒丟克(Bar-le-Due)之製果醬女工得二・五〇法郎；在阿拉(Arras)之榨油工人得五法郎；在巴得加萊之製糖工人得二至三・五〇法郎；製油工人得二・五〇至三法郎；製餅乾工作得三至五法郎；在克勒家弗弄(Clermont-Ferrand)之製果醬工人得六至七・二五法郎；在鄉白利(Chambery)之製細麵條者得一・二五法郎。

此外在布格之製木屐者日得三・五〇法郎；在奧呂埃(Aurillac)之製木底鞋者日得四法郎；在安結(Angers)之製木屐者日得三法郎；在克勒蒙弗弄之製木屐者日得五・五〇至六法郎；而在肖蒙之伐木工人則得五至七法郎。同時，在德路姆之製帽業中男工日得五法郎；女工得一・五〇法郎；在安結者日得八法郎；在南錫者日得七至八法郎而在阿爾比(Albi)者每日可得三法郎。

以上所述各地各業之勞動者的收入，爲一九一一年之工資分配狀態。在一九一四年大戰爆發前夕之各種生產勞動者之收入情形，則亦有法國勞工部所發表之公報可供參考。

據該公報所載，則當一九一三年七月，在晉白之木工及家具工，每日工資爲五・四〇至五・

九〇法郎；在倫尼一帶之印刷工人，日得六·五〇至七·五〇法郎；在里昂之泥水工人，則得七法郎。

當一九一三年十月，在郡爾之傢具工人日得六·五〇法郎；在維粹勒佛朗沙（Vitry-le-François）之泥水工人日得六法郎；在肖蒙之泥水工人日得五·五〇法郎；在里耳之製鞋工人日得五法郎。

當一九一三年十二月，在舍塘之建築工人日得六至八·五〇法郎；在馬賽之家具工人日得七至七·五〇法郎；在聖健唐吉利（Saint-Jean d'Angely）之鐵工日得四法郎；在格勒（Guéret）之泥水工人日得五至六法郎。

當一九一四年在安結地方之染工，每日可得五至六法郎；同業之女工得二·二五至三法郎；在白屯納（Béthune）之啤酒工人日得五·五〇至五·七五法郎；在巴黎之製彈子工人日得九至一〇法郎；汽車工人日得一〇至一二·五〇法郎；漆工一二法郎；在包白克（Bolbec）之紡織工人日得三·五〇至七法郎；在麥崙（Melun）之建築工人日得五·五〇至七·五〇法郎；在孟道本

(Montauban)之建築工人日得三·三○至六法郎；在奧克包爾之建築工人則得五·五○至六法郎。

當一九一四年四月，在肖勒(Cholet)之泥水工人日得四·七○至五法郎；在凡納(Vannes)之泥水工人日得五法郎；在伐朗先納之五金工人日得四·五○至五·五○法郎；在巴黎之製紗工人日得六·五○法郎；在容納之木屐工人日得四法郎。

當一九一四年五月，在馬熱麥(Mazamet)之製皮工人日得四至四·五○法郎；女工則得二至二·二五法郎。

當一九一四年六月，在加安(Caen)之印刷工人日得六法郎；在考納克之製鎖工人日得五至六法郎；在狄南(Dinan)之蓋屋工人日得四至五法郎；在阿普特(Apt)之製果醬工人日得二法郎；在莫瓦蘭(Moirans)之織絨女工日得三·七五法郎；而在南特(Nantes)之製車工人日得五至七法郎。

以上所述，爲自一八八五年至一九一四年期間，法國各地各業之工資的分析。現在，我們還須考察當時各地之生活必需品的價格，看一般生產勞動者之實際收入有多少，及其生活狀態爲何。

且先以表格表示巴黎之各種生活必需品的零售價格（單位法郎）。

物品	一八八五	一八九〇	一八九五	一九〇〇	一九〇五	一九一一
奶油（公斤）	二·六五	二·五一	二·五五	三·一一	二·八六	
蠟燭（公斤）	二·三五	一·八四	一·七八	一·八四	一·九三	一·九六
熱咖啡（公斤）	三·三〇	四·一〇	四·三七	二·九四	三·三三	三·三八
土煤（百公斤）	四·二〇	五·五〇	三·八五	四·四四	三·九四	五·〇八
乳餅（公斤）	一·八八	一·八六	二·一二	一·八五	二·〇一	二·二一
豬油（公斤）	一·七二	一·七二	一·七二	一·五二	一·二〇	一·六八
蛋（每打）	一·一〇	一·〇四	一·六五	一·三七		
麵包（公斤）	〇·二八	〇·三一	〇·二五	〇·二五	〇·二九	〇·三〇
馬鈴薯（公斤）	〇·〇八	〇·〇七	〇·〇八			

米（公斤）	〇·四五	〇·三九	〇·三四	〇·三一	〇·三七	〇·四一
糖（公斤）	一·一〇	一·一三	一·一四	一·二〇	〇·八〇	〇·七二
葡萄酒（公升）	〇·六五	〇·六〇	〇·六五	〇·六一	〇·六六	〇·七一

據上列統計，知生活必需品中如奶油咖啡、士煤、乳餅雞蛋、麵包等之價格較前增漲，而蠟燭與糖之價格，則較前減低。

再看當時在塞茵區之消費合作社對於各種生活必需品所規定的價格（單位法郎）。

物品	一八九五	一九〇〇	一九〇五	一九〇八
麵包（公斤）	〇·二九	〇·二九	〇·三四	〇·三五
肉類（公斤）	一·八〇	一·七二	一·七四	一·六〇
豬油（公斤）	二·三九	一·九五	一·七四	一·六〇
奶油（公斤）	三·一八	三·〇二	三·〇八	三·三〇
馬鈴薯（公斤）	〇·一〇	〇·一〇	〇·一四	〇·一四

葡萄酒（公升）	〇·五三	〇·四七	〇·三四	〇·三三
牛乳（公升）	〇·三三	〇·二九	〇·二三	〇·二五
煤（公擔）	六·〇四	五·六五	五·一四	五·六〇

據上表，則知在塞茵區之消費合作社中對於各種生活必需品之規定價格，自一八八五年至一九〇八年，向上漲者爲麵包、奶油、馬鈴薯等物品，而肉類、豬肉、酒、牛乳、煤等物，則其價格較前跌落。且再從法國各外省去作一度考察。

（1）勒曼斯（Le Mans）之生活必需品價格表（單位法郎）

物品	一八九五	一九〇〇	一九〇五	一九〇八
麵包（公斤）	〇·二二	〇·二三	〇·二七	〇·三〇
肉類（公斤）	一·六八	一·一五	一·三五	一·七三
豬肉（公斤）	一·五八	一·八〇	一·八一	一·八〇
奶油（公斤）	二·〇七	二·六一	二·四二	二·六〇

乳餅（公斤）	一·六五	一·六六	二·一〇	二·二〇
白糖（公斤）	一·〇八	一·〇八	〇·七四	〇·六五
酒（公升）	〇·三九	〇·四三	〇·二五	〇·三〇
牛乳（公升）	〇·二五	〇·二五	〇·一八	〇·一八
蛋（一枚）	〇·〇九	〇·一〇	〇·一〇	〇·一〇

依上列統計，則知在勒曼斯之物價，自一八九五年至一九〇八年期中，高漲者有麵包，較前升漲百分之四十：肉類，較前升漲百分之四；豬肉，較前升漲百分之十五；奶油，較前升漲百分之二十五；乳餅，較前升漲百分之三十四；價格較前低落者，則有白糖與葡萄酒兩項；至於鷄蛋之價格，則與從前無若何變動。

（2）勒哈勿爾之生活必需品價格表（單位法郎）

物品	一八八五	一八九〇	一八九五	一九〇〇	一九〇五	一九〇八
麵包（公斤）	〇·二七	〇·三七	〇·二七	〇·二七	〇·三一	〇·三〇

肉類（公斤）	一·六〇	一·五〇	一·六五	一·五三	一·七〇	一·八五
豬肉（公斤）	二·〇九	一·九五	一·九七	二·〇九	二·〇四	二·〇七
酒（公升）	〇·五八	〇·五五			〇·三五	〇·三四
奶油（公斤）	二·五〇	二·五四	二·六七	二·五七	二·六〇	二·八〇
蛋（一枚）	〇·一〇	〇·九〇	〇·〇九	〇·〇九	〇·〇九	〇·一〇
牛乳（公升）	〇·二〇	〇·二〇	〇·二〇	〇·二〇	〇·二〇	〇·二〇
糖（公斤）	一·〇三	一·一二	一·〇五	一·一〇	〇·七〇	〇·七〇

觀上列統計，知勒哈勿爾當一九〇八年之麵包、肉類、奶油等物之價格，均較一八八五年之價格爲高。價格較前減低之物品，則有葡萄酒與糖等物。而雞蛋與牛乳等物之價格，則無若何變化。

(3)古旦斯(Coutances)之生活必需品價格表（單位法郎）

物品	一八八五	一八九〇	一八九五	一九〇〇	一九〇五	一九〇八
麵包（公斤）	〇·二五	〇·二八	〇·二九	〇·二五	〇·三一	〇·二九

肉類（公斤）	一·四四	一·四四	一·四七	一·二三	一·四八	一·四八
豬肉（公斤）	二·二一	一·九七	二·〇〇	一·九〇	一·五八	一·九〇
奶油（公斤）	二·一〇	二·〇二	二·二三	二·四三	二·四〇	二·七〇
蛋（一枚）	〇·〇六	〇·〇七	〇·〇七	〇·〇八	〇·一〇	〇·一二
牛乳（公升）	〇·一七	〇·一七	〇·一七	〇·一七	〇·一七	〇·一七

據上列統計，則在古日斯之生活必需品價格，當一八八五年至一九〇八年間，高漲者有麪包、肉類、奶油、鷄蛋等物品之價格；減低者有豬肉之價格；而牛乳之價格則無變動。

（4）亞珉之生活必需品價格統計表（單位法郎）

物品	一八八五	一八九〇	一八九五	一九〇〇	一九〇五	一九〇八
麪包（公斤）	〇·二五	〇·二八	〇·二九	〇·二五	〇·三一	〇·二九
肉類（公斤）	一·五〇	一·五五	一·八六	一·八八	一·七五	一·八五
豬肉（公斤）	二·〇〇	二·一八	一·九八	一·九三	一·九〇	二·一八

酒（公升）	〇·六〇	〇·五九	〇·五四	〇·六〇	〇·二五	〇·二六
奶油（公斤）	二·九八	二·八五	二·七五	二·七二	二·七〇	二·八〇
蛋（一枚）	〇·〇八	〇·〇八	〇·〇七	〇·〇八	〇·〇八	〇·〇八
牛乳（公升）	〇·一七	〇·一七	〇·二〇	〇·一六	〇·一七	〇·一九
糖（公斤）	一·〇八	一·〇八	一·〇八	一·〇九	一·〇〇	一·〇〇
煤（公噸）	二三·九三	三三·八六	二三·〇八	二九·七〇	三一·七五	三五·〇〇

據上列統計，則知在亞珉之生活必需品價格，當一八八五年至一九〇八年期間，上漲者有麵包、肉類、豬肉、牛乳、煤等物品之價格；下落者有葡萄酒、奶油、糖等物品之價格；而蛋之價格則無若何變動。

（5）里耳之生活必需品價格統計表（單位法郎）

物品	一八八五	一八九〇	一八九五	一九〇〇	一九〇五	一九〇八
麵包（公斤）	〇·二八	〇·二九	〇·二四	〇·二九	〇·二八	〇·二九

肉　類（公斤）	[illegible]·二八	一·五三	一·七四	一·三九	一·五八	一·七七
豬　肉（公斤）	二·一八	二·一八	二·五〇	二·五六	二·八二	二·二八
奶　油（公斤）	三·二〇	三·二〇	二·八〇	二·七〇	二·九〇	二·八八
蛋　（一枚）	〇·〇九	〇·〇九	〇·〇九	〇·〇九	〇·〇八	〇·〇九
牛　乳（公升）	〇·一七	〇·一七	〇·一八	〇·一八	〇·一八	〇·二〇
馬鈴薯（公斤）	〇·〇八	〇·〇八	〇·〇八	〇·〇八	〇·〇九	〇·〇九

依上表，則里耳之生活必需品之價格，當一八八五年至一九〇八年間，高漲者有麪包、豬肉、牛乳、馬鈴薯等物品之價格，但所漲不多；低落者則爲肉類與奶油價格；至於鷄蛋價格，則二十餘年來無若何變更。

（6）第容（Dijon）之生活必需品價格統計表（單位法郎）

物　品	一八八五	一八九〇	一八九五	一九〇〇	一九〇五	一九〇八
麪　包（公斤）	〇·三二	〇·三五	〇·二五	〇·二六	〇·三〇	〇·二九

肉類（公斤）	一·七五	一·七五	一·六〇	一·三六	一·五三	一·六七
豬肉（公斤）		二·八〇	一·八〇	一·九三	一·五五	一·〇〇
酒（公升）	〇·五〇	〇·四二	〇·三七	〇·四二	〇·二九	〇·三一
奶油（公斤）	二·三四	二·二九	二·五〇	二·二〇	二·一八	二·五〇
蛋（一枚）	〇·〇八	〇·〇八	〇·〇八	〇·〇七	〇·〇八	〇·〇八
牛乳（公升）	〇·二五	〇·二五	〇·二五	〇·二五	〇·二五	〇·二二
糖（公斤）	一·〇五	一·一一	一·一七	一·〇七	〇·六五	〇·六五

上表所載，表示第容之生活必需品價格，當一八八五年至一九〇八年期中，除奶油與鷄蛋外，其餘各項物品價格，均較前減低。至於奶油價格，較前略高；而鷄蛋價格，則無若何變動。

（7）里昂之生活必需品價格統計表（單位法郎）

物品	一八八五	一八九〇	一八九五	一九〇〇	一九〇五	一九〇八
麵包（公斤）	〇·二七	〇·三一	〇·二五	〇·二五	〇·二九	〇·三一

肉類(公斤)	一·三五	一·三六	一·七二	一·二八	一·三九	一·四七
豬肉(公斤)	一·七〇	一·六六	二·三七	二·四二	一·九六	二·四五
酒(公升)	〇·四四	〇·三六	〇·三七	〇·四〇	〇·二二	〇·二五
奶油(公斤)	二·二四	二·二〇	二·四〇	二·五〇	二·二九	二·七〇
蛋(一枚)	〇·〇七	〇·〇八	〇·〇九	〇·〇九	〇·〇九	〇·一二
牛乳(公升)	〇·二〇	〇·二〇	〇·一九	〇·二一	〇·二二	〇·二五
乳餅(公斤)	一·五〇	一·三五	一·九五	一·六九	一·九〇	一·八〇
糖(公斤)	一·〇六	一·〇四	一·〇五	一·一〇	〇·六六	〇·六七

據上列統計，則知里昂之生活必需品價格，當一八八五年至一九〇八年期間，上漲者有麵包、肉類、豬肉、奶油、雞蛋、牛乳、乳餅等物之價格；而下落者則爲酒與糖之價格。在上漲之價格中，計麵包價格較前漲百分之十五；肉類價格漲百分之九；豬肉價格漲百分之四十五；奶油價格漲百分之二十；雞蛋價格漲百分之八十五；牛乳價格漲百分之二十五；乳餅價格漲百分之二十。

(8)蒙白利之生活必需品價格統計表（單位法郎）

物品	一八八五	一八九〇	一八九五	一九〇〇	一九〇五	一九〇八
麵包（公斤）	〇·二八	〇·三三	〇·三一	〇·二九	〇·三六	〇·三二
肉類（公斤）	一·六九	一·七二	一·八八	一·八二	一·八五	一·八七
豬肉（公斤）	一·八八	一·八八	二·一八	一·六六	一·六六	一·八四
酒（公升）	〇·三六	〇·三一	〇·二四	〇·三〇	〇·一六	〇·一八
奶油（公斤）	二·六〇	二·四七	二·六〇	二·六〇	二·六〇	二·九〇
蛋（一枚）	〇·〇七	〇·〇七	〇·〇七	〇·〇八	〇·〇八	〇·〇八
牛乳（公升）	〇·三〇	〇·三〇	〇·二四	〇·二二	〇·二三	〇·二八
乳餅（公斤）	二·〇一	一·六三	一·七八	一·七三	一·五六	一·八四
糖（公斤）	一·〇八	一·一〇	一·一六	一·一三	〇·六〇	〇·六五

依上表所示，則蒙白利之生活必需品價格，當一八八五年至一九〇八年間，上升者有麵包、肉類，奶油、等物品之價格，其餘各項物價，則均下落。至麵包價格較前之升漲爲百分之十五；肉類價格

升漲百分之十二；奶油價格，則亦漲百分之十二。

所以，在法國各地之生活必需品價格，當此一八八五年至一九〇八年期中，漲落各有不同，所漲落之程度亦各不相同。但若平均計之，則見肉類、豬肉、鷄蛋、奶油等物品之價格，較其餘各項物品之價格，爲有上漲之趨勢者。

據一九一一年法國政府對於房租之調查報告，則在巴黎每年租金一百法郎以下之房租，當一八五二年時，其平均數爲五十九法郎；一八六二年爲八十七法郎；一八七六年爲九十一法郎；一九〇〇年爲八十九法郎；一九〇八年爲八十七法郎。若在租金爲一百零一法郎至二百五十法郎之房租，當一八五二年其平均數爲九十五法郎；一八六二年爲一百四十五法郎；一八七六年爲一百六十法郎；一九〇〇年爲一百八十六法郎；一九〇八年爲一百九十法郎。至在租金二百五十一法郎至五百法郎之房租，則當一八五二年其平均數爲一百七十六法郎；一八六二年爲二百六十六法郎；一八七六年爲二百九十四法郎；一九〇〇年爲三百三十八法郎；一九〇八年爲三百五十法郎。所以，若以一九〇〇年之房租指數爲一〇〇，則在租金一百法郎以下之房租，當一八五二年時，其指數爲六三・三；一八六二年之指數爲九七・八；一八七六年之指數爲一〇二・二；一九〇八年之指數爲九七・七。至在租金一百零一法郎至二百五十法郎之房租中，若一九〇〇年之指數爲一〇〇時，一八五二年之指數當爲五一・一；一八六二年之指數爲七八；一八七六年之指數爲八六；一九〇八年之指數爲一〇二・一。最後在租金爲二百五十一法郎至五百法郎之房租中，若一九〇〇年之房租指數爲一〇〇，則一八五二年之房租指數當爲五二・一；一八六二年之指數當爲七八・七；一八七六年之指數當爲八七；一九〇八年之指數爲一〇三・五。由是可知當一九〇〇年以後，一般的房租均有上漲的趨勢。除巴黎之外、在其牠許多外省地方房租升漲之程度，有時還比巴黎來得高些。

自一九一〇年至一九一四年短短數年中，法國一般的生活必需品價格以及租金等又較前漲高。原因呢？一方面是由於實業發達，人口集中於都市之結果同時在此期間之世界金子產量之增多，也是一個刺激物價的因素。故如法國國家統計公報之所示，當一九一三年，在巴黎之麵包價格，每公斤售價〇・三八法郎；肉類每公斤售價一・七〇法郎；魚類每公斤〇・五六法郎；鷄蛋一枚〇・一〇法郎；奶油一公斤三・一四法郎；豬油一公斤一・八〇法郎；馬鈴薯一公斤〇・〇八法郎；果品一公斤〇・四〇法郎；米一公斤〇・四六法郎；糖一公斤〇・六七法郎；酒一公升〇・四二法郎；牛乳一公升〇・二三法郎。故自一八八五年至一九一三年期間，計麪包價格之增加爲百分之四十左右；肉類價格之增加爲百分之十六；豬油價格之增加爲百分之二十；鷄蛋價格之增加爲百分之十一；魚類價格之增加爲百分之十五；果品價格之增加爲百分之十五；至如奶油與馬鈴薯等物價格，則無若何變動。

於是在此等環境中，一般生產勞動者的生活，就有如下所描述諸狀態。

如在巴黎之一獨身的傢具工人，他一年的收入有一、八三〇法郎；而他一年的支費則爲：房租二四〇法郎；燈亮二四法郎；飲食一、一六八法郎；洗衣二六法郎；衣服一四〇法郎；襯衫二五法郎；洗燥剃髮二二・八〇法郎；工具二〇法郎；交通六〇法郎；會費一二法郎；新聞紙一八法郎；煙草三五法郎；共開支一、七九〇・八〇法郎。所餘無幾。

又如在巴黎的一個五口之家的勞動者家庭，工作者爲父母二人，每年總收入共有四、五六五法郎，但開銷須要五、五〇八法郎，於是一年之中有九四三法郎之負債。

在勒哈勿爾之一獨身的五金工人每年收入有一、七五〇法郎，開支爲一、六一〇法郎，所餘的百法郎。

又在勒哈勿爾之一獨身者的採煤工人，其收入爲一、五六〇法郎，但其支出爲一、五一一法郎。所餘甚微。

在里耳之一個四口之家的工人家庭，每年開銷一、三九一法郎，但此開銷的費用，非一人之工作所能換得，故必須工人之長子（十五歲）幫助作工，合二人之工資，方能得到一、五七五法郎之收入。

同時在里耳之一個包括九個人口的工人家庭，要是想維持生活的話，必須有四個人同時工作；四個人工作的收入，因爲童工的工資爲數很低之故，所以一共只得有二、八五〇法郎；至此一家之支出，則在二、四八二法郎之上。

但在德路姆之一工人家庭，包括夫妻二人，一年共獲工資一、三三二·一〇法郎；可是他們須付出飲食一、〇四〇法郎；洗衣七八五法郎；燈火等一二六法郎；房租一四四法郎；總共一、三八八法郎；其他開銷不在內，還不足五五·九〇法郎。

在上加龍納地方之一個四口之家的工人家庭（包括夫妻二人及三歲和八歲小孩各一人），收入爲一、三三九法郎，支出在飲食方面爲一、一八六法郎；衣服五二法郎；房租一五〇法郎；總共一、三八八法郎，不足四九法郎。

同時在門納魯瓦之一個三口之家的工人家庭（只有母親及一十歲與一十二歲之孩子），一年收入只有八四〇法郎；而在開支方面如飲食須六八九法郎；燈火等須六五法郎；洗衣五二法郎；房租七五法郎；衣服八〇法郎；總共九六一法郎；不足之數爲一二一法郎。

最後，再從當時工人收入之購買力方面去研究，則知在一九一〇年至一九一一年間，巴黎之製帽工人之收入，可以購買二十公斤之麵包；或四、三八〇公分之肉類；或二、一五〇公分之奶油；或五八枚鷄蛋；或五〇公斤之馬鈴薯。

同時，一個巴黎木工的收入，可以購得二十六公斤的麵包；或五、六〇〇公分之肉類；或二、七〇〇公分之奶油；或七五枚鷄蛋；或六四公斤之馬鈴薯。

又巴黎地氈工人之收入在當時可購得二十七又四分之一公斤的麵包；或五、九〇〇公分之肉類；或二、八五〇公分之奶油；或七九枚鷄蛋；或六七公斤的馬鈴薯。

此外，在法國外省各業之平均數工資中當一九一〇年至一九一一年時候，如其是一個地氈工人，他每日的收入可以購得十七公斤的麵包；或二、六〇〇公分的肉類；或一、五五〇公分之奶油；或五十七枚鷄蛋；或六十公斤之馬鈴薯。

至若外省之印刷工人，則其每日收入之購買力，則爲十五公斤之麵包；或二、五七〇公分之肉類；或一、五〇〇公分之奶油；或五十五枚之鷄蛋；或五十八公斤之馬鈴薯。

以上所述各節，卽爲關於一八八五年至一九一四年期間之法國社會經濟之發展狀態及當時一般人民之經濟生活實況的研究。

(註一)參閱保羅·路易前揭書一五三頁。

(註二)見前揭書一六六頁。

第八章　世界大戰期中之法國社會經濟

——自一九一四年至一九一八年——

(一)世界大戰時期法國社會經濟之性質

世界大戰之發生，由於世界經濟危機所促成，而此經濟危機之出現，又由於資本主義極度發展的結果。

資本主義極度的發展，則必有獨佔市場的必要；所謂辛狄加、托拉斯、金融聯合會等組織，無非是要想獨占或擴張國際和國內的市場的機關。

各工業國爲因爭奪殖民地和國際市場，便走上了軍國主義的途程。數百萬的軍隊，數十億的軍事預算，就成爲必要；各國的資源，遂受金融資本的統率，以作爭奪殖民地與國際市場之抗戰而準備。結果，等到國際上的平衡一旦破壞時，空前的國際戰爭就此開幕了。

一九一四年在歐洲所爆發的世界大戰，便是一個有着這種性質的戰爭之很顯著的實例。

一九一四年至一九一八年的歐洲戰爭，乃由於德國在到處採取攻勢侵入了他國的勢力範圍所引起的衝突。譬如在中國，牠便與英日相對立；由柏林敷設鐵路到巴格達(Bagdad)的計劃，又與英俄的利害相衝突（因爲俄國本想佔領君士坦丁堡，英俄又已分別將波斯劃入自己的勢力範圍，同時英國並又在計劃從好望角經開羅到君士坦丁堡的鐵路，想從土耳其之手將埃及與巴勒士丁取來）。此外，德國想從非洲進侵，又與法意二國的利害相衝突；同時，在俄國之銀行資本中，德有十二億七千萬盧布，這又和佔有十八億盧布的英法二國相對立；而且，英法比等國家在俄國之重要實業中均有巨額的投資，這又和德國之商品之向俄輸入互相衝突。所以一九一四年至一九一八年的世界戰爭，實爲各帝國主義國家利害交錯所引出的結果。

然則這一次的戰爭，對於法國的社會經濟，發生了什麼影響呢？

在戰爭中，法國是一個主要的角色，在戰爭時候，法國的社會經濟生活，當然遇到了空前的，非以前諸次革命時所能比擬的打擊。

當戰爭一經開始，許多生產事業方面的一部分的勞動者便都調上前線，於是各種生產事業中有的停頓了，有的縮小了生產範圍。同時，生產的性質亦經改變，主要的生產物爲軍火，而不是社會中人們的生活必需品。消費者的購買數量也受到了統制；法國和她的敵對的國家，或中立的國家，就斷了她們之經濟上的往來。於是，在一方面，法國生產上所需要的原料的一部分，來源斷絕；同時，法國昔日的商品輸出市場現在也限制了。

此時，在一切的交戰國中，大羣的婦女出來代替了男子的勞動。不管是在工業、商業、農業、或其牠生產事業方面，以前婦女所未曾參加者，現在都有婦女在工作。以前在許多實業中，譬如在紡織工業中，婦女工人之雇用，是由於他們工資之低廉，可使成本大爲輕減。但是，當戰爭時期之使用婦女，都是爲了男子工人之出發前線，在實業中缺乏了人力，苟不雇用女工，則社會經濟生活，便難以延續的原故。

同時，生活必需品的價格，較前飛漲，雖有政府對於物價的統制，但是一般平民階級總是脫不了高價的壓迫。生活必需品價格高漲的原因，一方面是由於自己國內的產量減少及國外供給之被阻礙，而同時當戰爭期中之貨幣膨脹，幣值減低，也是一個重要的因素。當然，價格高漲的商品，不單是生活必需物，許多製造業所需用的原料價格因來源的受阻及幣值的低落也擡高了許多；結果，一切的生產物價，都同時提高。

因爲物價的提高，戰爭期中的勞動者的工資也就增長了。蓋當物價增高時，若工資不隨而增加，則勞動者便難以維繫他們的生活。所以，當時工資之高由於物價之漲，並非物價之漲由於工資之高。況當時增高之工資，乃屬名義工資的增高，並非實質工資的增進。

此外，在戰爭期中，以前所通過的一切保護勞動者的健康的法令，多視同具文。爲了保護祖國的名義，勞動者的工作時間，便作無限度的延長。可是，在這保護祖國的名義之下，在儘可能的延長勞動時間之後，法國的軍火業及其他與軍事有關的工業之成立，便如雨後的春筍了。同時，當國家需要戰時財政上的補助的時候，法國的金融機關，則以因有錢可以借給政府，便坐收優厚的利息。

最後，在戰爭期中，以全國重要機能移於軍事之結果，全國最良的精力，遂多消耗於此方面，而使政治上之獨斷的要素增加，社會上佈滿了權威性質。人民一切活動均受統制，言論信件等均受嚴厲的檢查。

（二）大戰期中法國之人口及實業狀態

依法國國家統計公報所載，當一九一四至一九一五年期中，法國人口總數爲三千八百萬人；一九一六年，人口總額略有增加，爲三千八百二十萬人；但次年一九一七年，人口便只有三千七百六十萬人，較上年減少六十萬人，此六十萬人之損失，當然是由於戰爭的結果；一九一八年人口，則爲三千七百九十萬人，仍較一九一六年度人口數額爲少。

在農業生產方面：當一九一三年生產麥類葡萄等物之耕種地面積爲六百五十四萬二千公頃，但至一九一五年則減至五百八十四萬九千公頃；一九一六年又減至五百零三十萬公頃；一九一七年更減至四百十九萬一千公頃；一九一八年方略增至四百四十四萬九千公頃，但仍較一九一三年之耕地面積，減少二百零九萬三千公頃。至耕地面積減少之原因有三：卽敵軍之佔領；戰地

之蹂躪；及因農村缺乏勞力而自行放棄耕種三者

當時小麥之生產，則由戰前一九一三年之八千六百九十萬公擔的產量，降至一九一五年之七千九百三十萬公擔；一九一六年之七千二百七十萬公擔；一九一七年之四千八百六十萬公擔；及一九一八年之七千八百七十萬公擔。一九一八年之生產額雖上兩年有進步，但仍不及戰前之產量。產量最少者爲一九一七年，與一九一三年者相比，竟相差有三千八百八百三十萬公擔之多；較前減退了百分之四十左右。

同時黑麥之生產數額，亦較前減少。當一九〇四年至一九一三年之平均數產量，本爲一千三百萬公擔；但至一九一六年之產量則減至一千一百十萬公擔；一九一七年又減至六百七十萬公擔，較戰前減少有六百三十萬公擔之多，爲百分之四十五以上之減退。

大麥之生產，戰前有九百七十萬公擔之產量，而當一九一七年便只有九百萬公擔的生產。雀麥亦然，戰前產量爲四千八百六十萬公擔，一九一七年卻只有三千四百五十萬公擔，較前減少了一千四百十萬公擔之數。

一千……至種植馬鈴薯之土地，當一九一三年，佔據一百五十四萬八千公頃，至一九一五年，便只有一百四十八萬五千公頃；一九一六年，減至一百三十四萬五千公頃；一九一七年又減至一百二十八萬公頃，一九一八年方略有增加，爲一百三十七萬公頃。於是，馬鈴薯之產量，遂由一九一三年之一億三千五百八十萬公擔降至一九一五年的一億一千九百九十萬公擔；一九一六年之九千四百萬公擔；一九一七年之八千七百八十萬公擔；及一九一八年之一億零四百十萬公擔。

至於葡萄之生產，當一九〇四至一九一三年之每年平均產量，爲五百三十萬公石，但至一九一五年，便只有二百萬公石；一九一六年爲三百六十萬公石；一九一七年爲三百八十萬公石；一九一八年爲四百五十萬公石。故在戰爭期中，主要農業生產物若小麥、黑麥、大麥、雀麥、馬鈴薯、葡萄等之產量均趨退步；但此等生產物又爲人民生活必需品，當時人民生活所受戰爭之影響，不難由此推測。

且再看礦業方面之生產情形。

在煤的生產方面，一九一三年本爲四千零八十萬公噸，至一九一四年便只有二千七百五十萬公噸；一九一五年爲一千九百五十萬公噸；一九一六年爲二千一百三十萬公噸；一九一七年爲二千八百九十萬公噸；一九一八年爲二千六百二十萬公噸，較戰前產額減少一千四百六十萬公噸。同時關於鐵礦的生產，則當一九一四年尙有一千一百二十萬公噸，一九一五年便降至六十萬公噸；一九一六年爲一百七十萬公噸；一九一七年爲二百萬公噸；一九一八年爲一百六十萬公噸，較戰前相差竟有九百六十萬公噸之多。至於在礦產中工作的工人數量，也比較以前大形減少。如當戰爭未爆發前，礦工人數本有二十三萬八千人；而當一九一五年便只有十六萬八千人；一九一六年爲十一萬三千人；一九一七年爲十二萬七千人；一九一八年爲十八萬一千人，較戰前減少五萬七千人。

在生鐵方面之產量，一九一三年爲五百二十萬公噸，一九一四年便只有二百七十三萬六千公噸；一九一五年爲五十八萬四千公噸；一九一六年爲一百三十一萬一千公噸；一九一七年爲一百四十萬零八千公噸；一九一八年爲一百二十九萬三千公噸，比較前減少三百九十萬零七千公噸。至在鋼鐵的生產方面，亦有同樣的情形。一九一四年的產量尙有二百八十萬公噸，一九一五年便減至一百十一萬一千公噸；一九一六年生產一百七十八萬四千公噸；一九一七年產一百九十九萬一千公噸；一九一八年產一百八十萬公噸，較一九一四年減低一百萬公噸。同時在製鐵業方面之勞動者人數，當一九一三年爲十一萬八千人，一九一四年戰爭爆發後便減至四萬八千人；一九一五年爲二萬二千人；一九一六年爲三萬一千人；一九一七年爲三萬七千人；一九一八年爲三萬五千人；較戰前減少八萬三千人。

在製糖工業方面之產量，則亦有同樣趨勢。一九一三年產糖四百四十萬公噸，一九一四年產二百六十二萬四千公噸，一九一五年爲一百十四萬六千公噸，一九一六年爲一百五十九萬六千公噸，一九一七年爲一百五十九萬八千公噸，較戰前減少二百八十萬零二千公噸。

在煤之消費方面，當一九一三年本爲六千四百八十萬公噸，一九一四年便減至四千六百三十萬公噸；一九一五年爲四千零三十萬公噸；一九一七年爲四千二百七十萬公噸；一九一八年爲四千一百七十萬公噸，較一九一三年之消費額減少二千三百十萬公噸，這便表示各種使用以煤爲燃料之生產業的衰落情形。但同時由於戰時之飛機汽車等軍用物具之使用增多，故石油之消費額反形增加。計一九一三年使用石油量爲五百四十萬公擔，一九一六年使用額增至六百四十萬公擔，一九一七年爲六百三十萬公擔，一九一八年爲七百三十萬公擔，較一九一三年多消費一百九十萬公擔。

至在棉織業及毛織業方面的情形，亦可由原棉及羊毛之消費數量上去觀察。關於棉花之消費及羊毛之消費，可由下列表格中見之（單位百萬公斤）。

年度	棉花消費額	羊毛消費額
一九一三	二七一	二六六
一九一四	一六〇	二〇九
一九一五	二一九	八八
一九一六	二二五	九三
一九一七	二五三	七七
一九一八	一三六	六〇

據上列統計，知自一九一三年至一九一八年法國所消費之棉花由二億七千一百萬公斤減至一億三千六百萬公斤，計減少一億三千五百萬公斤，爲百分之一百的減退。同時在羊毛之消費額上，減少之數量更多；一九一三年之消費額本爲二億六千六百萬公斤，至一九一八年便只有六千萬公斤，計減少二億零六百萬公斤，爲百分之三百以上之減退。

同時，當戰爭開始後，爲交通運輸之主要機關的鐵道亦受着相當的影響。在戰前一九一三年法國通車的鐵道爲四萬零九百三十三公里，至一九一四年便只有三萬八千七百四十五公里，一九一五年爲三萬七千七百零八公里，一九一六年爲三萬七千八百八十五公里，一九一七年爲三萬八千零二十七公里，一九一八年爲三萬七千七百零六公里，通車里數較戰前減少三千二百二十七公里。

但由於戰時銀行籌碼之增加，法蘭西銀行之鈔幣流通額即隨而增大。計一九一三年流通額爲五十六億六千五百萬法郎；一九一四年便升至七十三億二千五百萬法郎；一九一五年再升至一百二十二億八千萬法郎；一九一六年又升至一百五十五億五千一百萬法郎；一九一七年更升至一百九十八億四千五百萬法郎；一九一八年竟升至二百七十五億三千六百萬法郎，較戰前增加二百十八億七千一百萬法郎，故當時之鈔幣流通數額，約當戰前五倍，在如此的通貨膨脹的局面下，無怪乎物價之高漲了！

可是，通貨雖然膨脹，但同時法蘭西銀行之貼現數額卻反而減少。如在戰前一九一三年，法蘭西銀行貼現額爲三百億法郎，一九一四年便減退爲二百十九億法郎；一九一五年爲二十九億法郎，爲戰爭期中貼現額之最低數；一九一六年爲六十一億法郎，一九一七年爲六十六億法郎；一九一八年爲六十七億法郎，較戰前減縮二百三十三億法郎之巨數；故戰時法國工商業之爲如何萎縮的情形，由此亦可見之。

在對外貿易方面之實情，則可由下列統計表中看出（單位百萬法郎）。

年度	輸入	輸出	總額
一九一二	八、二三〇	六、七〇〇	一四、九三〇
一九一三	八、四〇〇	六、九〇〇	一五、三〇〇

一九一四	六、四〇〇	四、八〇〇	一一、二〇〇
一九一五	一一、〇〇〇	三、九〇〇	一四、九〇〇
一九一六	二〇、六〇〇	六、二〇〇	二六、八〇〇
一九一七	二七、五〇〇	六、〇〇〇	三三、五〇〇
一九一八	二二、三〇〇	四、七〇〇	二七、〇〇〇

據上列統計，則知法國在戰爭期中之貿易總額較戰前爲高自一九一二年之一百四十九億三千萬法郎進至二百七十億法郎；此蓋由於糧秣及軍火之進口數額增加、並物價提高所造成之結果，並非同於平日之國外貿易之增進也。同時，在此期內之對外貿易又表現出一特殊現象，便是進口數額之大增，及出口數額之減少；計自一九一二年至一九一八年，進口數額由八十二億三千萬法郎激增至二百二十三億法郎；而出口數額，則自一九一二年之六十七億法郎減至四十七億法郎。若以七年來之輸入價值與輸出價值相比，則入超爲六百五十二億三千萬法郎之巨數。

此外，在戰爭期中，法國前線共動員了七百九十三萬五千的青年與壯年，佔據法國全國青年與壯年中的百分之六二・七。這就是說，從事於農業生產的五百二十三萬七千男子中，抽去了三百五十八萬六千人；從事於工業生產之三百四十萬六千男子中，抽去了二百三十三萬八千人；從事於商業之一百二十二萬八千男子中，抽去了八十四萬二千人；從事於交通運輸業之一百五十四萬三千男子中，抽去了五十四萬三千人；從事於礦業之二十四萬八千男子中，抽去了十六萬八千人；從事於自由職業之三十一萬男子中，抽去了二十一萬二千人；從事於家庭服務之三萬四千男子中，抽去了二萬三千人；而在六十四萬公務人員的男子中，亦抽去了二十二萬二千人。（註一）當然，這七百九十三萬五千人，並不是在同一時間調上前線去的，乃是陸續抽調的。而當農忙以及軍火製造工作緊張時，也常由前線調回一部分人來參加工作。不過，在經過了四年的戰爭之後，法國在農業生產上，是損失了六十七萬三千七百人的壯丁了；而在工業方面之損失爲二十六萬七千四百名壯丁；商業方面之損失爲十九萬六千七百名壯丁；自由職業方面損失七萬一千名壯丁；公務人員方面損失五萬五千二百名壯丁；交通運輸方面損失九萬九千二百名壯丁；故單從勞力方面觀察，戰爭給與法國經濟上之打擊若何亦可知矣。

同時在法國之東北區域因爲德軍所侵入及化爲戰場之結果，東北一帶地方之各種生產，當即受到破壞或無從繼續經營。但法之東北區域，向以產煤、產鐵、五金業、毛織業、麻織業、製糖業，酒精業、玻璃業等著名，且所產之煤佔法國全國產煤之百分之七四；生鐵佔百分之八一；鋼鐵佔百分之六三；銅工業佔百分之九四；羊毛工業佔百分之八一；麻織工業佔百分之九三；製糖工業佔百分之七六；酒精工業佔百分之五九；玻璃工業佔百分之八〇；故當戰爭期中東北方面各業不能繼續生產時，法國經濟上所受之損失若何又可知矣。（註二）

此外，據法國勞工部之報告，（註三）則當戰爭期中，法國全國各種生產業之經營單位，亦較前減少。若以一九一四年七月戰事未發動前之經營單位爲一〇〇（指數），則在食品工業中，當一九一四年八月之指數爲七四；一九一五年七月之指數爲八五；一九一六年七月之指數爲九〇；一九一七年七月之指數爲九四；一九一八年七月之指數爲九三。

在化學工業中之指數，則一九一四年八月爲六〇；一九一五年七月爲八〇；一九一六年七月爲八七；一九一七年七月爲九一；而一九一八年七月爲九四。

在橡皮與紙張業中之指數則當一九一四年八月爲四六一九一五年七月爲七八；一九一六年七月爲八七；一九一七年七月爲九一；一九一八年七月爲九五。

在書業中當上述各年度之經營單位指數，則爲：四九，七九，八三，八九，九二。

在紡業中當上述各年度之指數則爲：四七，六九，七一，八六，九二。

在織布與衣服業中之指數則爲：六〇，七六，八九，九三，九三。

在皮革業中之指數爲：五八，七七，八六，九三，九五。

在木材業中之指數爲：三六，六〇，七五，八五，九〇。

在普通金屬工業中之指數爲：四五，七三，八四，九三，九五。

在精細金屬工業中之指數則爲：一二，六七，七二，九〇，九三。

在寶石業中之指數爲：七四，二三，四二，五八，八五。

在挑土與建築業中之指數爲：四四，六〇，七四，八三，八一。

在燒石及燒土業中之指數爲：三五，六一，七二，八〇，八一。

在運輸業中之指數爲：八八，七五，八八，八九九八。

在商業中之指數爲七六，八〇，八九，九七，九七。

在上述各生產業中之總指數，則爲五四，七四，八五，九一，九三。

最後，在戰爭期中，法國各部門生產業中之女工的人數大大的增加；其增加的實況，有如法國勞工部之所統計，（註四）今簡述之於下。

法國勞工部曾經調查了五萬二千二百七十八個實業經營單位，在戰前此等實業經營上所雇用的勞動者數共爲一百五十二萬四千九百五十九人，其中男工爲一百零三萬七千四百八十五人，女工爲四十八萬七千四百七十四人。當戰事爆發，產業縮小範圍之時，所雇用之勞動者總數減少，故女工之數目亦減少，計一九一四年八月，只有女工十九萬九千一百零七人。但是，戰爭繼續延長，多數男子勞動者均調上戰場，故女工人數，當一九一五年七月，卽增至四十一萬八千五百七十九人；一九一六年七月，復增至五十四萬七千六百零一人；一九一七年一月，又增至六十萬零七百五十九人；一九一七年七月，更增至六十二萬六千八百八十一人，較戰前增加十三萬九千四百零七人，而較一九一四年八月則增加四十二萬七千七百七十四人之多。故若以戰前女工人數之指數爲一〇〇，則一九一四年八月之指數爲四〇·八；一九一五年七月之指數爲八六；一九一六年七月之指數爲一一二；一九一七年一月之指數爲一二三；而一九一七年七月之指數，則升高至一二九。

以上所述各節，爲大戰期中之法國人口及各種實業的狀況。

(三)大戰期中法國的工資及物價

先來考察當時的工資。

當時的工資較戰前升漲了，主要的原因當然是由於通貨膨脹，物價高漲的原故。

且將大戰之前同戰時之法國首都一般手藝工人每日所得之工資作一比較表格如下（單位法郎）。

工別	一九一一年	一九一六年	增加百分率
製啤酒	五	六·七五	三五
印刷	七·二〇	九·〇五	二一
裝書	六	八	三三
硝皮	六·五〇	九·五〇	四六
製鞍	六	六·五〇	八
製鞋	七·五〇	八·五〇	一三
裁縫	七·五〇	八·五〇	一三
製車	八	八·五〇	六
車木	四		
製桶	四·五〇	五·四八	二二
紅木	四·八六	五·七一	一八
地氈	九·五〇	一〇	五

木工	九	一〇·一二	一二
傢具	八	一〇	二五
製鍋	八·五〇	九·五〇	一二
白鐵	八	八	〇
水管	八	一〇	二五
鐵工	一〇	一〇	〇
馬蹄鐵	九·五〇	八·五〇	一〇
製鎖	八	九·四五	一一
車金屬	八·二五	一〇·五〇	二七
鐘表	七	一一	五七
石工	九	八·一〇	一〇
泥水	八·五五	九·六七	一三
挑土	七·六〇	八·七七	一六

蓋屋	八	九	一二
漆屋	七·二二	七·六五	六
雕刻	一〇·八〇	一二·五〇	一六
盒罐	六	七	一七
裝配玻璃	七·六五	九	一八
普通日工	五	五·五〇	一〇
製衣（女工）	四	五	二五
女衣（女工）	三·五〇	四·五〇	二九
襯衫（女工）	三	四·五〇	五〇
背心（女工）	五	五	〇
花邊（女工）	二·〇二	二·三八	一二

據上列統計而加以分析，則知自戰前一九一一年至戰時一九一六年，在法國首都各類手藝工人之工資之增加率最大者，在男子工人中爲鐘表工人，硝皮工人，啤酒工人，與裝書工人，在女子

工人中，則爲製襯衫工人及製女衣工人。增加率較小之工資在男子工人中爲製鞍工人，製車工人，地氈工人，及漆屋工人，在女子工人中則爲製衣工人與花邊工人。自一九一一年至一九一六年間工資率之並無增加者，在男子工人中有白鐵工人與鐵匠；在女子工人中亦有製背心工人。在一九一一年時，各業男子工人之工資的平均數爲四·七六法郎；各業女子工人之工資的平均數爲三·八八法郎。可是，當一九一六年時，各業男子工人之工資平均數爲八·九五法郎，較前增長了百分之十五；而當年各業女子工人之工資平均數爲四·七五法郎，較前增長了百分之二十二。由此看來，當戰爭期間，女工工資之升漲比率較男工工資之升漲比率爲多。此時女工之所得，超過男工所得之半數。

現在再將法國各外省之各業手藝工人當一九一一年及一九一六年之每日收入作成比較表格如下（單位法郎）。

工別	一九一一年	一九一六年	增加百分率
製啤酒	四·〇七	四·九五	二一

印刷	四·九五	五·七一	一五
裝書	四·六五	五·四四	一七
硝皮	三·九八	五·二五	三二
製鞍	四·二二	五·二七	二五
製鞋	三·九一	五·三五	三七
裁縫	四·五八	五·四一	一八
染色	四·一八	五·二四	二五
織布	三·二三	四·〇八	二六
製繩	三·五九	四·二七	一九
製車	四·三八	五·三九	二[illegible]
車木	四·七五	五·八三	二四
製桶	四·五〇	五·四八	二二
紅木	四·八三	五·七一	一八

地氈	五·〇〇	六·〇七	二〇
鋸木	四·五一	五·三九	二二
木匠	五·一二	六·一〇	一九
家具	四·七〇	五·六〇	一九
製鍋	五·一九	六·一六	一九
白鐵	四·六六	五·七七	二四
水管	四·八〇	五·九〇	二三
鐵匠	四·八八	六·一一	二七
馬蹄鐵	四·四〇	五·五七	三〇
製爐	五·〇一	五·七六	一六
製鉸	四·五七	五·六四	二四
車金屬	五·三六	六·六〇	二三
鐘表	五·三一	六·四〇	二一

採石	四・一三	五・三一	二八
石工	五・〇六	六・一六	二三
泥水	四・七七	五・八四	二三
挑土	三・七五	四・九五	三二
蓋屋	五・〇三	六・〇五	二〇
漆屋	七・二二	七・六五	六
雕刻	六・一三	七・四四	二一
製打火器	三・八九	四・八二	二六
盒繪	四・二三	四・八三	一四
裝配玻璃	四・七〇	五・六一	一九
普通日工	三・二七	四・二五	三〇
製衣（女工）	二・一二	二・六〇	二三
女衣（女工）	二・二三	二・六三	一八

襯衫（女工）	二·〇五	二·四九	二一
背心（女工）	二·三八	二·八〇	一八
花邊（女工）	二·〇二	二·三八	一八
刺繡（女工）	二·二九	二·四〇	五
女帽（女工）	二·四一	二·七一	一二

據上列統計看來，法國外省各業男工之工資當一九一一年至一九一六年間，增加率最高者爲製鞋、染色、織布、白鐵、馬蹄鐵、採石、挑土等工人之工資；在女工工資中，則以熨衣及襯衫工人之工資之增加率爲較高。至增加率較低者，在男子工人之工資中，有印刷、製爐、及蓋屋等工人之工資；在女子工人之工資中，則爲刺繡與女帽工人之工資。當一九一一年，男子工人工資平均數爲四·五五法郎；女子工人工資平均數爲二·二一法郎。但至一九一六年，男子工人工資平均數升至五·五六法郎，計漲上百分之二十二；女子工人工資爲二·五七法郎，計升高百分之十六，不及男子工人工資之升漲率爲大。若以一九一六年法國各外省之男女工人工資和當年巴黎之男女工人工

資比較，則外省男工工資佔巴黎男工工資之百分之六十二；而外省女工工資卻佔巴黎女工工資之百分之五十四。

現且再來考察一下在一般大規模生產業中之工人的工資收入若何（單位法郎）。

業別	一九一三年男工工資	一九一六年男工工資	增加百分率	一九一三年女工工資	一九一六年女工工資	增加百分率
金屬	四·〇八	五·四〇	三二	二·四〇	三·八二	五九
造紙	四·〇二	五·二五	三〇	二·一三	二·五〇	五七
建築	四·一九	五·六一	三四			
木材	四·一〇	五·二八	二九	二·七三	三·七五	三七
紡織	三·六五	四·四四	二二	一·四七	三·二〇	二九
食品	三·五八	四·九一	三七	二·一五	三·〇三	四一
機器管理	六·〇五	七·二〇	一九			
蒸汽機關管理	五·〇八	六·一七	二一			

電機管理	六·〇八	七·五九	二五			
製鞋廠女工				三·一九	四·二九	三四

觀察上列統計，則知在各大規模生產業中，當一九一三年至一九一六年，男工工資之增加率較高者，爲建築、皮革食品諸業中之工資；女工工資之增加率較高者，則爲五金、造紙食品等業中之工資。至工資增加率較少者，在男子之收入中，有紡織機器管理及蒸汽機關管理諸方面之工資；在女子之收入中，則有紡織及皮革諸業方面之工資。當一九一三年，男工工資之平均數爲四·五〇六法郎；女工工資平均數爲二·五四法郎。至一九一六年，男工工資之平均數爲五·八〇法郎，較戰前增進百分之二九·四；女工工資之平均數爲三·四一法郎，較前增加百分之四〇。故女工工資之增進率，又較男工爲高。

至在法國各地之礦業方面之工資的平均數，當一九一四年爲四·六四法郎；一九一六年爲五·四九法郎，較前增加〇·八五法郎，爲百分之一八之增進。（註五）

關於農業工人之工資，可分爲兩種：一種是不供膳食的農業工人的工資；一種是供膳食之農業工人的工資。現在我們將一九一六年之農業工人的工資，和一九一一年之農業工人的工資作一比較表格於下，以觀戰時農業工資之增進程度（單位法郎）。

區域	不供膳食的工資			供膳食的工資		
	一九一四年	一九一六年	增進百分率	一九一四年	一九一六年	增進百分率
西北	三·二五	四·六六	四三	一·八六	二·八〇	五〇
北部	三·四四	四·九三	四三	二·一一	三·二八	五五
東北	三·七五	五·三五	四三	二·四八	三·三九	三七
西部	三·三六	五·四五	六二	二·四六	四·〇八	六六
中部	三·八七	五·九二	五三	二·八三	四·五三	六〇
東部	三·四三	五·一五	五〇	二·一四	三·四六	六二
東南	二·八七	四·五一	五七	一·五六	二·五三	六二
南部	三·四六	五·一九	五〇	二·二九	三·八三	六七
西南	三·四二	五·一五	五〇	二·三四	三·七七	六一

據上表，則知當戰爭時期之農業工人工資，較戰前爲高，且增高之比例頗大。如像在不供膳食之農業工人工資中，法國西部與東南部之工資增進率，就有百分之六二及百分之五七的提高；最低亦有百分之四三的進步（如東北部、北部、及西北部）。至在供膳食之農業工人之工資中，在法國南部與西部之工資增進率，當一九一六年，便有百分之六七及百分之六六的進步；最低者如東北部之工資增加率，亦有百分之三七的提高。計算下來，不供膳食之農業工人的工資，當一九一四年，法國全國平均爲三·四三法郎，一九一六年之平均數則爲五·一五法郎，較前增加百分之五十。供膳食之農業工人工資，當一九一四年之平均數爲二·二三法郎；一九一六年之平均數爲三·五二法郎，較前增進百分之五十八。所以在農業方面之工資的增加率，較工業方面之工資的加增率爲高的。

在一九一六年之後，關於一九一七年及一九一八年之法國各業之工資的參考材料，一時頗難獲得。不過，在煤礦業及鐵礦業方面之工資，亦有部分之統計資料可供研究。我們見自從一九一六年後，法國煤礦工人工資及鐵礦工人工資，都比較以前又形增加。於是我們可以推知在其牠各業方面之工資，亦必有相似比例之增加。現在就將此時之煤礦工人工資統計及鐵礦工人工資統計分列簡表如下（單位法郎）。

（1）煤礦工人工資統計表

地域	一九一三年	一九一六年	一九一七年（四月）	一九一八年（十月）
阿里爾	五	五·五三	八·九〇	一二·三〇
阿勿龍	四·八八	六·六八	七·五〇	九
布西丟倫尼	五·七五	五·七五	六·五〇	一〇
康打	五·八〇	六·一〇	八·五〇	九·一〇
加爾	六	七	九·五〇	一四·一〇
爾老而特	五·五〇	六·五〇	八	一〇·七五
依會爾	五·五〇	六·五〇	九·五〇	一二
魯瓦	六·五五	七·三八	七·五八	九·二三

上魯瓦	五·六五	六	八·一〇	一二·九五
尼爾勿爾	五·五〇	六	七	一三·八〇
巴德加萊	七·七五		一〇·五〇	一四·七〇
白依得道姆	五·六五	六·一五	八·五〇	一三·二五
上沙勿瓦	六	六	七	一一
松尼魯瓦	七	八·五〇	一〇	一二·五〇
唐安	六·五〇	七·五〇	八·二五	一二·二五

據上列統計，則自一九一三年至一九一八年之煤礦工人工資之增加，當在百分之六十至百分之一百之間。譬如阿里爾、加爾、依舍爾、上魯瓦、尼爾勿爾及白依得道姆等地之工資的增加率，便都在百分之一百以上。

(2)鐵礦工人工資統計表

地域	一九一三年	一九一六年	一九一七年（四月）	一九一八年（十月）
阿呂埃吉	二·六〇	二·六〇	二·六〇	五·五〇
卡爾伐多	六·五〇	七	八	
參得廉塞爾	六	六	六	九

據上列統計，便知鐵礦工人工資之增加比例亦大，如阿呂埃吉之工資增加率，即在百分之一百以上；其牠各地之工資增加率，亦在百分之四十與百分之五十之間。

以上所述，即爲大戰期中法國各地各業之工資狀態的分析。以下，我們還須考察一下當時的物價，尤其是生活必需品的價格。

據一九一七年七月出版之法國國家統計公報，我們可以作成兩個簡單的表格，來表示自一九一一年到一九一六年法國各大城市之生活程度提高的實況。第一個表格是說明在此期段中法國各大城市之以月計算的包飯價格的提高，第二個表格是表示各大城市中之十三種生活必需品之價格的增加情形。兩個表格上的單位都是以法郎計算的。

表一 法國各大城市以月計算之包飯價格統計

地名	一九一一年費用	一九一六年費用	增加的百分率
尼斯	七五	一二〇	六〇
托洛依	八五	一二〇	四一
馬賽	七五	一二五	六七
狄降	八五	一一二·五	三二
白讓松	八〇	一一五	四四
尼姆斯	六五	八三	二三
吐魯斯	七七·五	一〇〇	二九
博都	七五	一一〇	四七
蒙白利	七〇	一一〇	五七
格勒諾白	七七·五	一一二	四四

聖得天	八二	一三七·五	五五
南特	八〇	一一〇	三七
奧勒安	七五	一一五	五三
加萊	七五	九二·五	二三
里昂	九〇	一四五	六一
魯昂	八〇	一五〇	一一四
凡爾賽	八〇	一〇五	三一
里摩吉(Limoges)	七五	一一〇	四七

據上表觀察，可知大戰期中法國各大城市生活程度提高的實況。每月包飯價格升漲最多者，當以魯昂為首，計漲百分之一百十四。其次如里昂、馬賽、尼斯等地之包飯費用，亦增加了百分之六十以上。即在增加率最少的地方如尼姆斯與加萊二地，仍不免有百分之二十三的漲價。如將表上所列各地之包飯費用增加率平均計算起來，則當為百分之四十八以上。

表二 法國各大城市生活必需品（共十三種）價格統計

地名	一九一一年	一九一六年	增加百分率
尼斯	一、一一八	一、六八三	四八
托洛俟	一、〇二七	一、五三八	五〇
馬賽	一、一一九	一、六五二	四八
狄降	一、〇一六	一、五五二	五三
白讓松	一、〇二〇	一、四三八	四一
尼孃斯	一〇、三九	一、六二九	五七
吐魯斯	一、〇九七	一、四八八	三六
傅都	一、〇七〇	一、八〇九	六八
蒙白利	一、〇八一	一、八一一	六八
都爾	九七〇	一、四七三	五二
格勒諾白	九六七	一、五一五	五七

聖得田	一、一七八	一、五四〇	三一
南特	九一〇	一、五六七	七二
奧來安	九九〇	一、四八七	五〇
加萊	一、〇九〇	一、六一六	四八
里昂	一、〇七六	一、七二七	六一
凡爾賽	一、〇二八	一、六六八	六二
里摩吉	一、〇四〇	一、四五〇	三九

據上列統計，可知自一九一一年至一九一六年，十三個生活必需品的零售價格，如在南特、博都、蒙白利、凡爾賽等地，便升漲了百分之六十以上。漲價比例較小之都魯市、聖得田、里摩吉等地，亦有百分之三十以上之漲價率。故此十三種生活必需品之零售價格的漲價率，在表中所指各地之平均數，當在百分之五十二以上；比較各地以月計算之包飯費用的增加率還要高些。

但是在上面我們說過，說是因爲戰時的生活必需品價格提高，所以工資也隨着增加了。可是，工資的增加率，究竟比不比得上物價的升漲率呢！這兒，我們就從法國各大城市的工資增加率生活必需品價格之升漲率，及以月計算的包飯費用的增加率上面，去比較比較看一般工資收入的勞動者們的實際工資的收入如何，也就是看一看他們的生活實況如何。

下列表格為自一九一一年至一九一六年之工資增加率，包飯費用增加率，及生活必需品價格升漲率之比較表。

地名	工資增加（百分率）	包飯費用增加（百分率）	生活必需品價格增加（百分率）
尼斯	（無增加反減少百分之九）	六〇	四八
托洛依	一一	四一	五〇
馬賽	二	六七	四八
尼姆斯	一八	二二	五七
吐魯斯	二四	二九	三六
博[illegible]部	二九	四七	六八

聖得田	三〇	五五	三一
南特	一九	三七	七二
里昂	一九	六一	六一
普昂	二七	一一四	一一
里摩吐	二三	四七	三九

據上列統計可知自一九一一年至一九一六年間工資固然是增加了（尼斯除外），但所增加的程度最多到百分之三十，最少到百分之二，所以平均起來工資的增加率是很有限的。可是在另一方面，如以月計算之包飯價格之增加率，最高到百分之一百十四，最少亦有百分之二十三；而同時關於生活必需品之價格的升漲率，最高有百分之七十二，最少也有百分之三十一。所以，比較起來，工資之增加率同生活必需品價格之升漲率，是要相差許多的。譬如在馬賽之生活必需品價格之升漲率，就爲當地之工資的增加率的二十四倍；而以月計算之包飯價格的增加率，且爲工資增加率之三十三倍有零。至其餘各地之比較，其相差比例雖無如此之巨，但相差一倍或半倍總是

很普遍的情形。情形最好者爲聖得田地方，其工資增加率爲百分之三十，生活必需品價格升漲率爲百分之三十一，相差最少但當地之以月計算之包飯價格之升漲率亦爲百分之五十五，與工資增加率比較起來，又約爲一倍之相差。在此種情形下，大戰期中法國各地之一般勞動者的生活如何，就很容易看出了。

在戰爭之最後二年間，卽自一九一六年至一九一八年間，法國社會中之生活必需品價格，較前尤爲高漲。法國國家統計公報曾經作了一次調查，以居住巴黎之一個四口之家爲例，計算每年所消費之麵包爲七百公斤；肉類爲二百公斤；豬油爲二十公斤；奶油二十公斤；蛋二百四十枚；牛乳三百公斤；乳餅二十公斤；馬鈴薯二百五十公斤；青豆三十公斤；糖二十公斤；素油十公斤；煤油三十公升；酒精十公升；以上所列各項生活必需品之價格指數，則有如下表所示（以戰前生活必需品之價格指數爲一、〇〇〇）。

年度	法國全部	北部	東部	東南部	中部	西部
一九一四年秋季	一、〇〇四	一、〇八九	九八八	一、〇一八	九八八	九四二

一九一五年春季	一、一〇五	一、一六〇	一、一〇六	一、一一五	一、〇九〇	一、〇六六
一九一五年秋季	一、二三五	一、二七九	一、二〇五	一、二三一	一、二六一	一、一九七
一九一六年春季	一、三三六	一、四一五	一、二七六	一、三二七	一、三八八	一、二七〇
一九一六年秋季	一、四二〇	一、四六五	一、三七九	一、四三六	一、四六一	一、三六三
一九一七年春季	一、五四七	一、六四一	一、四九七	一、五五四	一、五七九	一、四五七
一九一七年秋季	一、八四五	一、九四四	一、七六五	一、九三六	一、八六一	一、六九九
一九一八年春季	二、一二〇	二、一八一	二、〇一一	二、二三四	二、一六〇	一、九七三
一九一八年秋季	二、四四六	二、四八五	二、三五六	二、六〇七	二、四六〇	二、三〇五

據上列統計，可知法國在大戰最後二年間之生活必需品價格的升高程度，較一九一四年至一九一六年間之漲價程度爲尤高；因爲自一九一四至一九一六年，法國全部之價格高升指數，不過相差四一六點；而自一九一六年至一九一八年間，則價格漲高之指數，竟有一、〇二六點之多。至由各部地域之生活必需品漲價之指數看來，則以東南部及北部爲最高，而以西部爲較低。

至關於衣服方面的費用，自一九一四年至一九一八年間也漲高了許多。依據法國金屬業工會之統計，則當一九一四年時一套普通衣服之售價七十法郎者，一九一八年便須有一百五十法郎方能購得。又如一雙鞋子，一九一四年賣二十五法郎，一九一八年就必須四十五法郎。牠如木鞋一雙，戰前爲一·一〇法郎，戰後爲二法郎；帽子一頂，戰前爲五法郎，戰後售十法郎；便帽一個，戰前爲三·五〇法郎，戰後售八法郎；襯衫一件，戰前爲四法郎，戰後售十法郎；襯袴一條，戰前爲二·五〇法郎；戰後爲七法郎；作工衣服一件，戰前爲六法郎，戰後爲一八·五〇法郎；手帕一打，戰前爲三·五〇法郎，戰後爲十三法郎；法蘭絨背心一件，戰前爲四法郎，戰後爲十二法郎；皮鞋換底一次，戰前爲五·六〇法郎，戰後爲十二法郎；拖鞋一雙，戰前爲三法郎，戰後爲八法郎；襪子一雙，戰前爲一·二五法郎，戰後爲三·五〇法郎。故上自衣帽，下至鞋襪，無一不漲價。一九一八年之衣服方面的必需費用，爲一九一四年的兩倍以上。

但在房租方面，當一九一四年至一九一八年期間，因有數百萬的壯丁調上前線，同時又有法國政府所規定的法令之限制，故未聞有多大的漲價。雖然，卽使房租仍舊，而在衣食諸方面的各項生活必需品的價格高漲如此，縱工資亦有相當增加，終不能使一般生產勞動者的實際工資能及於戰前工資的水準。

（註一）見馮登（Arth. Fontaine）之大戰十七的法國實業（L'Industrie Française Pendant la guerre.）

（註二）見一九一九年法國國家印刷所所印行之法國實業報告（Rapport Général sur l'Industrie Française）

（註三）見一九一八年十一月至十二月份之法國勞工部公報。

（註四）見一九一八年一月至二月份之法國勞工部公報。

（註五）見保羅・路易前揭書二九〇頁。

第九章　大戰以後之法國社會經濟

——自一九一九年至一九三六年——

(一)戰後十年間之法國社會經濟

當大戰結束之初，歐洲一般國家，不論在政治上或在經濟上，都發生極大的混亂。俄國的革命是在戰爭結束前一年已經發生，德意志的王朝也隨戰爭結束而被推倒。歐洲各國的經濟方面，在這個四年大破壞後所引起極猛烈的恐慌，使許多在以前號稱富有的國家之財政破產了；在貨幣方面，使貨幣價值由於極度貨幣膨脹而極度的低落，以致物價高得使人不敢相信；在生產與消費方面，使二者不能平衡，人民失去購買力，以致生產過剩，產生佔一國全人口之四分之一或三分之一的失業人民。這種經濟蕭條，就使一般人民的生活，感受極度的艱困。

法國社會中，當然也逃不了這種恐慌的景象。她在財政上及一般經濟上，當然也和當時之英、德、意、比諸國處於同樣的境遇。同時，法國所受的損失比上述諸國還要厲害，因爲她的一部分的地方曾經作了戰場，戰後要想恢復，一時那裏能够做到呢！

可是法國在大戰中固受到了很大的損失，但是她的礦業、商業、金融業等，在戰後不久，又重行活動起來了，雖說此等大企業也逃不了經濟恐慌的襲擊。法國的復興，當然由於人民之努力建設，然在此種風雨飄搖的時候，勞動者工作時間的延長和工資的低減，仍和戰時情形，無甚出入。

現在我們且分頭去從戰後十年間之法國的人口、農業、礦業、工業、商業，以及金融、財政各方面，作一個統計的研究，以後再來將當時之工資、物價，及人民生活等，作一個較爲詳細的分析。

法國人口總額，當一九一九年爲三千八百七十萬人，一九二一年爲三千九百二十四萬人，一九二三年爲三千九百六十二萬人，至一九二六年爲四千零七十四萬三千八百五十一人，第一次達到四千萬以上之數額。計自一九一九年至一九二六年，人口之增加量爲二百零四萬三千八百五十一人；增加率爲百分之五以上。

關於法國當時之耕種地面積及各主要農業產物之產量，可依統計作成簡表如下：

表一 小麥及馬鈴薯之耕地面積及產量表

年度	小麥 面積（單位一千公頃）	小麥 產量（單位百萬公擔）	馬鈴薯 面積（單位一千公頃）	馬鈴薯 產量（單位百萬公擔）
一九一九	四、〇七八	六五．九	一、三三五	一八五．一
一九二〇	五、〇九四	八五．三	一、四四一	一六．四
一九二一	五、三九二	一一三．一	一、四五五	八三．一
一九二二	五、二九〇	八六．一	一、四六四	一二六．五
一九二三	五、五三三	九六．八	一、四五一	九〇．二
一九二四	五、五一二		一、四六三	一五三．五
一九二五		八九．九		一五一．九
一九二六		六七．六		一〇四．六

表二 雀麥與葡萄之耕地面積及產量表

年度	雀麥		葡萄	
	面積（千公頃）	產量（百萬公擔）	面積（千公頃）	酒產量（百萬公擔）
一九一九	二、九五三	二四·九	一、五一七	五五·一
一九二〇	三、三五〇	四二·三	一、五一四	五九·一
一九二一	三、四〇八	三五·五	一、五一一	四七·八
一九二二	三、四三六	四一·八	一、五二一	七六·六
一九二三	三四、二三	四八·九	一、六〇三	五九·七
一九二四	三、四九五	四四·三		七三
一九二五		四五·五		六二·七
一九二六		五七·八		四〇·八

據上所列統計，則當一九一九年至一九二六年間，法國小麥之生產量，以一九二一年所產爲最多，一九一九年者爲最少；在馬鈴薯之產量方面則以一九一九年之產額爲最多，一九二〇年者爲最少；在雀麥之生產中，則以一九二六年之產額爲最多，一九一九年者爲最少；而在葡萄之生產

方面，則以一九二二年之產額爲最多，一九二六年者爲最少。總觀各項農業生產物之產量，時而增多，時而減少，故無一定之增加或減少之趨勢。

且再看煤礦與鐵礦之生產額（單位千公噸）。

年度	產量（煤）	產量（鐵）	年度	產量（煤）	產量（鐵）
一九一三	四四、六四一		一九二二	三一、九一三	二一、一〇六
一九一九	二二、四四一	九、四一三	一九二三	三一、五四四	二三、四一八
一九二〇	二五、二六一	一三、九二一	一九二四	四四、九五五	二八、九九二
一九二一	二八、九六〇	一四、二〇一	一九二五	四八、〇四八	三五、七一二

據上列統計，可知在煤的生產方面，當戰前一九一三年時，法國產煤四千四百六十四萬公噸，但戰後當一九一九年時候，產量便只有二千二百四十四萬一千公噸，減少二千餘萬公噸，一直到一九二四年方纔恢復戰前的產額，一九二五年後，方逐漸增加。至在鐵礦的生產方面，自一九一九年至一九二五年，逐年均有進步；一九二五年之三千五百七十一萬二千公噸，爲一九一九年之九

百四十一萬三千公噸之三倍以上。

至參加礦業之礦工人數，一九一九年爲十九萬一千人，當一九二四年便增至三十四萬三千人。

在生鐵與鋼鐵方面之產額，亦可由下列表格中見到（單位千公噸）。

年度	生鐵產量	鋼鐵產量	年度	生鐵產量	鋼鐵產量
一九一九	二、四四七	一、四九九	一九二三	五、四三二	五、一〇九
一九二〇	三、三四四	二、〇三三	一九二四	七、六九三	六、九〇五
一九二一	三、四四七	三、一一二	一九二五	六、四七二	七、四一六
一九二二	五、一二七	四、五二四			

上表所示生鐵之產量自一九一九年起，逐年均有進步之傾向，以一九二四年之產額爲最多；一九二五年之產量雖不及上年度，但較之一九一九年者，則亦超過二百零二十五萬公噸，爲百分之八十以上之進步。至在鋼鐵方面之生產，亦逐年均有進步，一九二五年之產量，約爲一九一九年

產量之五倍。

至從事於鐵工業方面之勞動者人數，一九一九年有十萬零一千三百七十五人，一九二四年便增至十一萬一千八人，比以前增加約一萬人。

在絲綢之生產方面，一九一九年生產絲綢值十五億八千八百萬法郎；一九二〇年生產絲綢值二十三億七千三百萬法郎；一九二一年生產絲綢值十六億八千八百萬法郎；一九二二年之生產值二十二億二千三百萬；一九二三年之生產物價值更增至二十八億一千二百萬法郎。五年之中，增加幾及一倍。

在實業中所使用的蒸汽機關的數目及其力量則爲：一九一九年，使用蒸汽機關六萬六千一百部，有實力二百四十六萬五千仟瓦；一九二〇年使用蒸汽機關六萬九千八百八十三部，有實力三百零四十四萬仟瓦；一九二一年使用蒸汽機關七萬一千一百零四部，有實力三百三十五萬仟瓦；一九二二年使用蒸汽機關七萬零八十二部，有實力三百五十九萬九千仟瓦。故在四年中間，蒸汽機關之部數增加三千九百八十二部，而實力則增加一百十三萬四千仟瓦。

至爲交通運輸之主要機關的鐵道。通車者，當一九一九年有三萬九千零九十公里；一九二〇年有三萬九千五百二十公里；一九二一年有三萬九千五百三十五公里；一九二二年有三萬九千五百三十八公里；一九二三年，連同阿爾薩斯及勞倫二省，通車鐵道共有四萬一千八百五十八公里；一九二六年亦有四萬一千七百十七公里。

在當時法國之對外貿易方面，則有如下列統計所示（單位百萬法郎）。

年度	輸入	輸出	總額
一九一九	三五、七九九	一一、八七九	四七、六七八
一九二〇	四九、九〇四	二六、八九四	七六、七九八
一九二一	二二、七五五	一九、七七二	四二、五二七
一九二二	二四、二七五	二一、三七八	四五、六五三
一九二三	三二、八五九	三〇、八六六	六三、七二五
一九二四	四〇、一三二	四一、四五四	八一、五八六

一九二五	四三、九八〇	四五、四一三	八九、三九三
一九二六	五九、五一四	五九、五三四	一一九、〇四八

據上表，則當此数年中之對外貿易總額，以一九二六年爲最高，一九二一年爲最低。此兩年度之相差，達七百六十五億二千一百萬法郎之巨，幾爲一九二一年度貿易總額之二倍。至在輸入與輸出方面之比較，則自一九一九年至一九二三年爲入超，一九二四年至一九二六年爲出超。至在此八年中之輸入與輸出總額之比較，則以輸入爲較多。

現在再從煤、石油、棉花、羊毛、生絲等燃料及原料物品之消費上，去認識法國當時實業之發展狀況。

年度	煤（千公噸）	石油（千公擔）	棉（千公斤）	羊毛（千公斤）	生絲（千公斤）
一九一九	四五、五五六	六、一〇九	二〇〇、七四七	一七三、七〇〇	二、四七三
一九二〇	五六、八三一	八、二七六	二〇二、三五七	一六七、五〇〇	三、三六三

一九二一	五一、三三一	七、二八三	一八八、七二七	一五六、〇〇〇	二、八八二
一九二二	六一、九一四	九、一〇三	二三九、六〇二	三〇六、五〇〇	三、〇四六
一九二三	六九、〇七三	一〇、一一七	二三五、一九六	二六〇、九〇〇	三、五六六
一九二四	七六、九一一	一二、六七五	二八三、九四一	二二八、三〇〇	四、三四〇

上表只及於一九二四年之統計爲止。至於一九二四年以後至一九二九年之統計材料，則一時未能覓得。不過在上列表格中，我們已可以看到一個趨勢，便是自從大戰停頓後，法國的生產又逐漸恢復而且復向上升。這是從煤、石油、棉花、羊毛、生絲等之主要燃料及原料品之消費額的增加上，可以看得出來的。

最後，我們且來考察一下當時法國的金融狀況及一九二八年的財政上的改革。

先看法蘭西銀行之鈔幣流通額及其貼現數量。

年度	鈔幣流通額（單位百萬法郎）	貼現數量（單位同上）
一九一三	五、六六五	二〇、〇〇五

一九一九	三四、七四四	一五、七〇三
一九二〇	三八、一八六	三二、〇二三
一九二一	三七、六七九	三〇、七九八
一九二二	三六、三五一	三三、九八九
一九二三	三七、三五五	四一、六三二
一九二四	三九、九三八	五七、二八三
一九二五	四三、〇〇〇	
一九二六	五四、八六一	

據上表，則知當戰前一九一三年法國鈔幣流通額爲五十六億六千五百萬法郎，但至戰後當一九二六年七月，鈔幣流通額竟達五百四十八億六千一百萬法郎，較戰前增多了近十倍之數。在貨幣數量之如此膨脹時，貨幣價值當然低落，而物價必定高漲了。至關於貼現數量方面，戰前一九一三年時爲二百億零五十萬法郎，戰後一九一九年，工商業尚未完全恢復常態，故貼現數量減至一百五十七億零三百萬法郎。以後，卽一九二〇年後貼現數量雖然增加，但是當時因通貨膨脹，幣

值減低，故貼現數量雖多，而所代表的價值，卻仍不如戰前之數。

同時，法國因戰時財政需款孔殷，戰後之善後問題又在在需款，故當一九二六年七月鈔幣發行，已至五百四十八億六千一百萬法郎之巨數；於是對英匯兌已降至二百四十法郎，彭加萊內閣，乃竭力緊縮政府支出，同時增加關稅及其牠稅率，俾減少政府向法蘭西銀行之借貸，而間接收縮通貨。次年功效果見，對英匯兌卽升至一百二十四法郎，貿易方面亦見起色。法國政府見改革時機已熟，乃於一九二八年六月二十五日，公布新貨幣法規，實行金本位制。法規之要旨爲：

（1）貨幣單位仍名法郎，每一法郎重六五·五公絲（Milli-gramme），成色九百，卽含純金〇·〇五八九五六公分，較諸戰前，平價低至五分之一。

（2）法蘭西銀行鈔幣，可兌換金幣或金塊，每次以六十一萬五千法郎爲最低限度。該行可以依平價扣除鑄幣費之價格購入現金，鑄幣費每千克爲四十法郎。

（3）一百法郎之金貨爲無限法貨，可請求鑄造者，僅限中央銀行。

（4）法蘭西銀行應保有之現金準備，須在流通紙幣額及活期存款額合計總數之百分之三十五以上，廢止發行最高限額制度。

（5）五法郎十法郎及二十法郎之鈔幣，須於一九三二年十二月三十一日前收回，另鑄成色千分之六八〇之十法郎二十法郎之銀貨代替之。此類銀輔幣之鑄造，限額共計三億法郎。

以上所述，爲法國在戰後十年間之一般實業狀況及金融財政方面之改革情形。

至當此時期之法國各業工資，自一九一九年至一九二一年爲上漲期，一九二一年至一九二三年則反趨下落；可是自一九二三年後，因鈔幣流通數額較前更多，物價高漲，故工資復行上升。現在，我們就根據所能獲得的關於當時的各種統計材料，去加以分析和研究。

先看一九一九年至一九二三年間之法國各地煤礦工人之工資（單位法郎）。

地區	一九一九年（二月）	一九一九年（六月）	一九二〇年（二月）	一九二〇年（六月）	一九二一年	一九二二年	一九二三年
阿里爾	一二·八〇	一六·三三	一六·五〇	一九·七五	一九·九三	一六·三〇	一五·〇六
啊得席	一一·二五		一四·七五		一八·七五	一三·五〇	一一·七五
阿勿龍	一一·五〇		一四·七五		二〇·五〇		

布西丟倫尼	一〇	一四	一四	二〇	二〇	一七	一七
康打	一二·七五		一六·二五	一九 五〇	一九·三五	一六	一六
克勒斯	一三·八〇	一五·六七	一五·六七	二一·五〇	二一·五〇	一八·五〇	一八
加爾	一四·二〇	一七·六〇	一八·五〇	二二	二二	一八·五〇	一八·五〇
爾老而特	一四		二二	二五·二五	二五·二五	二二	二二
佐舍爾	一四	一七·五〇	一九·五〇	二三·五〇	二五	一七·五〇	一七·五〇
魯瓦	一四·九〇		一八·四〇		二二·四〇	一九·四〇	二一
上魯瓦	一三	一六·五〇	一六·七五	二〇	二〇·五〇	一八	一七·九〇
尼爾勿爾	一三·八〇	一七·三〇	一八·七五	二二·七五	二二·七五	一八·八〇	一九·一〇
諾爾	二〇·一〇		二一·三五	二七·五〇	二七·五〇	二三·五〇	二二·三〇
巴得加萊	一六·七〇	二一·三五	二一·三五	二七·五〇	二七·五〇	二三·五〇	二二·三〇
上松尼	一三	一六·五〇	一六·五〇		二〇	一七	一七
松尼魯瓦	一三·四〇	一六·九〇	一九·八〇	二三·八〇	二三·八〇	二一·五〇	二一·五〇
沙勿瓦	一二		一五·五〇	二二	二二	二二	一五

唐安	一四·五〇	一八	一八		二三	二〇·五〇	二〇·五〇

再看一九一九年至一九二三年間之法國各地鐵礦工人之工資統計（單位法郎）。

地區	一九一九年（二月）	一九一九年（六月）	一九二〇年（二月）	一九二〇年（六月）	一九二一年	一九二二年	一九二三年
阿呂埃吉	五·五〇		六		六	八	八
卡爾伐多	一〇		一二	一三	一四	一四	一四
加爾	一四·一〇	一六·一〇	一六·一〇		一九·一〇	一六·五〇	一六·五〇
佐舍爾	一二		一五·五〇		一七	一三	一三
門納督瓦	一〇		一四	一六	一七	一六	一七·五〇
上曼納	九		一五	一八	一八	一八	
麥得摩悉爾		一二·五〇	一六		二四	二三	二三
奧納	一〇		一二	一三	一四	一四	一四
東畢倫納	九·五〇		九·五〇	一五	一八	一三	一三

再看當時之白鉛礦工之工資若何（單位法郎）。

地區	一九一九年(一月)	一九一九年(六月)	一九二〇年(一月)	一九二〇年(六月)	一九二一年	一九二二年	一九二三年
加爾	一四	一〇	一〇·五〇		一〇·五〇	一二·五〇	一二·五〇
阿老而特	九		一四·五〇	一六·七五	一六·七五	一六·七五	一六·六〇
上罕倫納	一二		一三		一三	一三	一〇·五〇

據上列各表觀察，則見煤礦工人之工資中當一九一九年至一九二一年，各地工資均趨上漲；但自一九二一年至一九二三年，各地工資又多趨下落。若以各地煤礦工人之一九二一年度工資與戰前一九一三年度工資比較，則在阿里爾與阿勿龍者爲以前之四倍，在加爾者爲以前之三倍半，在阿老而特者爲以前之四倍半，在魯瓦與諾爾者爲以前之三倍又四分之一倍。

至在鐵礦工人之工資方面，雖亦有相同之趨勢，但變動的程度沒有煤礦業方面的大。在將一九二一年之工資與戰前一九一三年之工資相比時，我們可見阿呂埃吉及卡爾伐多之工資，爲以前的二倍又四分之一倍；加爾之工資爲以前之三倍半；門納魯瓦之工資爲以前之三倍及中摩塞爾之工資爲以前的四倍。

若以一九二三年度之煤鐵礦業中之工資對戰前一九一三年之各該業工資比較，則在卡爾伐多者增加了百分之一一五；在加爾者增加了百分之二一五；在門納曾瓦者增加了百分之二二〇；在中摩塞爾(Midi.Moselle)者增加了百分之二八五。

在白鉛礦業中之工人工資，亦以一九二一年度爲較高，一九二三年度較降，但亦高於一九一九年度之工資。

除礦業外，在其牠各業中之工資狀況，有法國國家統計年報可供參考。現摘錄法國各重要城市各業之平均工資及巴黎區之各業工資的統計，列表如下（單位法郎）。

工別	巴黎以外各城市之平均工資		巴黎區之工資	
	一九一一年	一九二一年(二月)	一九一一年	一九二一年(二月)
製啤酒	四·二一	一七·〇六		
印刷	四·九四	一八·五四	七·二〇	二七·六〇
裝書	四·六七	一七·八六	六	二五·六〇

硝皮	四·〇九	一七·〇二	六·五〇	二五·二〇
製鞍	四·二六	一六·八三		
製鞋	三·九五	一六·三〇		
裁縫	四·五五	一八·〇二	七·五〇	二八·〇〇
染色	四·一三	一六·八〇		
織工	三·三二	一四·三三		
製繩	三·六四	一五·八四		
製車	四·四四	一八·七七		
車木	四·八八	一九·八〇	七·五〇	二八
製桶	四·四八	一九·四七		
紅木	四·八六	二〇·三六	九·〇〇	三二
地氈	五·〇六	二〇·〇二		
鍋工	四·五七	一九·五六		二八

木匠	五·〇五	二〇·二四	九·〇〇	二八
傢具	四·七〇	一九·四五	八·〇〇	三〇
製鍋	五·四〇	二一·三三		
白鐵	四·七四	一九·二六		
水管	四·九二	一九·三六	八·〇〇	二八
鐵匠	五·一二	二〇·五〇	一〇·	三二
馬蹄鐵	四·四〇	一九·〇七		
製爐	五·〇四	一九·五〇		
製鎖	四·六五	一九·一八	八·	二六
車金屬	五·三九	二〇·六七	八·二五	二八
鐘表	五·三一	二〇·七〇	七·	
採石	四·一六	一八·五八	七·	
石匠	五·一一	二一·	九·	

泥水	四·八〇	一九·七二	八·五五	二八
挑土	三·八二	一七·二二	七·六〇	二六
蓋屋	五·〇五	二〇·一四	八·	二八
淺屋	四·七六	一九·四三	七·二五	二八
雕刻	六·三九	二五·四一	一〇·八〇	三二
製打火器	四·一七	一九·九五		
盒纏	四·二六	一八·三三		
裝配玻璃	四·七二	一九·五二	七·六五	二八·〇〇
普通日工	三·二六	一四·〇一		
熨衣(女)	二·一五	八·七三		
女衣(女)	二·二八	九·四三		
襯衫(女)	二·〇八	八·九六		
製背心(女)	二·五〇	一〇·〇四		

花邊（女）	二·一三	一〇·四九
刺繡（女）	二·四四	九·一六
女帽（女）	二·四八	九·二四

依據上列表格觀察，則知法國各大城市（巴黎除外）之男工的平均工資當一九一一年可得四·六一法郎，一九二一年可得一八·九二法郎，故較以前增加約爲四倍。在女工工資中以從事於花邊業的工資增加率最大，計一九一一年爲二·一三法郎，一九二一年卽升至一〇·四九法郎，幾增加五倍。女工工資之平均數，當一九一一年爲二·二九法郎；一九二一年爲九·四四法郎，增加率爲四倍以上。關於巴黎區之各業的平均工資，一九一一年可得八法郎；一九二一年爲二七至二八法郎，亦幾及四倍之增進。當一九一一年，依照我們以前所引證的統計材料看來，各外省之平均數工資，不及巴黎區之平均數工資的百分之六十；但當一九二一年，則各外省工資之升漲率較巴黎爲大，故已超過百分之六十的比例。至關於各省女工工資與男工工資之比例，當一九一一年爲百分之四十九左右，一九二一年亦爲百分之四十九左右，故無若何之變動。

此外，在金屬工業中當一九二〇年五六月之間，普通金屬工人每小時可得二·一九法郎；女工得一·五四法郎。若爲熟練工人，每小時可得二·四五法郎；女工可得一·六〇法郎。其中之製型工人每小時可得三·一八法郎；管理電機工人每小時亦可得二·九六法郎。不過，自從一九二〇年六月後，直至一九二二年，金屬工業亦與其他各業一般地受經濟恐慌的打擊，故在此二年中工人之工資亦較前爲低。計普通男工工資較前減少百分之十一；女工工資減少百分之十四。熟練工人工資較前減少百分之九；女工工資減少百分之七。他如管理電機工人之工資，亦減少百分之四。

在紡織業中，當一九二一年一般工人所得的工資，較多於一九一一年及一九一四年之工資。但自一九二一年至一九二二年，則紡織業中工資，亦即減低百分之二十左右。據日內瓦於一九二三年所出版的國際勞工雜誌，則在法國之魯貝都可望（Roubaix-Tourcoing）之紡紗業中，當一九二二年之平均數工資較一九一一年工資增進百分之三二〇。在紡毛業中，一九二二年之工資，亦較前增加百分之二三〇。同時，在托洛依地方之棉織工業中，紡者之工資增加百分之四三〇，而織者之工資則增進百分之三五〇。至在維也納之毛織工業中，一九二二年之工資較之一九一一年，亦有百分之三二五之增進。

據上述同一雜誌，則在里昂之印刷業工人，在戰前一九一四年工資爲七法郎，至戰後一九二〇年十二月工資升至二四·八五法郎，但至一九二一年十二月工資又下降爲二一法郎，降低百分之十五。不過若以一九二一年十二月之工資和戰前之工資相比，則適爲三倍之增加。

又據法國國家統計公報，則在製糖工業中之工資，戰前與戰後亦有巨大的變動；譬如該業男工工資，當一九一二至一九一三年間，爲四·五六法郎；及至一九二〇至一九二一年間，則爲一九·八三法郎。女工工資，在戰前爲二·四九法郎；戰後則可獲得一〇·六〇法郎。童工工資在戰前爲一·九七法郎，戰後亦增至八·四七法郎。

至在農業生產中法國各省工人之工資，則有如下表所示。（單位法郎，以年計算，不供膳食。）

地域	一九一五	一九一八	一九二〇	一九二一	一九二二
兩厰	一、二〇〇	一、八〇〇	三、六〇〇	三、六〇〇	三六、〇〇

安斯納	一、二七五		四、一四〇	四、一四〇	四、一四〇
阿呂埃吉	一、一二五	一、八〇〇	二、四〇〇	二、四〇〇	二、四〇〇
奧白	一、三五〇	一、六五〇	三、〇〇〇	三、〇〇〇	三、〇〇〇
阿勿龍	一、五七五		二、二〇〇	二、二〇〇	二、二〇〇
布西丟倫尼	一、二〇〇		三、六〇〇	三、六〇〇	三·六〇〇
康打	一、〇五〇		一、八〇〇	一、八〇〇	一、八〇〇
古丟諾附	九〇〇	一、三〇〇	二、一〇〇	二、一〇〇	二、八〇〇
居龍得	一、五〇〇	三、六〇〇	四、二〇〇	四二、〇〇	四、二〇〇
安得附晉瓦	一、三〇〇		三·五〇〇	三、五〇〇	三、五〇〇
下谷瓦	一、〇〇五	一·八〇〇	二、七〇〇	二·七〇〇	二·七〇〇
晉瓦勒	七五〇	一、三〇〇	一、八〇〇	一、八〇〇	一、八〇〇
羅特	一、〇〇〇		三、〇〇〇	三、〇〇〇	三、〇〇〇
毛畢漢	八二五		二、七五〇	二、七五〇	二、七五〇

舍勿爾(二)	一、二〇〇	二、四〇〇		二、四〇〇	二、四〇〇
勿奧克栁司	一、〇二〇	二、〇四〇			
勿奧斯吉	一、二〇〇	二、二〇〇		四、二〇〇	四、二〇〇

據上列統計，知在法國各省之農業生產中，自一九一五至一九二二年之工人工資，亦與其牠各業一般地有着兩倍或三倍之增加。其中增加最多者，為安斯納、居龍得、及勿奧斯吉等地之工資；最少者，則為康打地方之工資，但亦有百分之八十左右的進步。同時，在上列表格中我們可以看出一個趨勢，即自一九二〇年至一九二二年間之各地農業工人工資無若何變動。

當一九二三年後之工資，隨通貨膨脹之程度加深而更升漲；但比較起來，工資之增進率仍然是沒有物價之上漲率來得高的。且先看當時巴黎區之各業工人工資統計（註二）（單位法郎）

工別	一九二一(二月)	一九二四(十月)	一九二五(十月)	一九二五年較一九二一年之百分增加率
印刷	二七·六〇	三三·二〇	三六·四〇	四〇六
裝書	二五·六〇	二九·六〇	三〇·八〇	四一三

硝皮	二五·二〇	二八		
裁縫	二八	三二	三六	三八〇
車木	二八	三二	三二	三二七
紅木	三二	三二	三二	二五六
鋸工	二八	三〇	三二	
木匠	二八	三〇	三二	二五六
傢具	三〇	三〇	三三	三〇〇
水管	二八	三〇	三二	三〇〇
鐵匠	三二	三六	三七·六〇	二七六
製鎖	二六	三〇	三一·二〇	二九〇
車金屬	二八	三〇	三二	二八八
鐘表		三〇·八〇		
採石		二八	三一·二〇	三四六

石匠		三二	三六	三〇〇
泥水	二八	三二	三二	二七四
挑土	二六	二八	三〇	二九五
蓋屋	二八	三〇	三四	三二五
漆屋	二八	三〇	三三·二〇	三五八
雕刻	三二	四〇	四〇	二七〇
製打火器	二六	二四	三四	
裝配玻璃	二八	三一·二〇	三四·四〇	三五〇

據上表，則知一九二五年巴黎各業工資，較一九一一年工資增進百分之二五六至百分之四一三。同時，一九二五年工資與一九二一年工資相比，亦有百分之三〇左右的進步。

至在巴黎以外之法國其牠各省各業之工資平均數，當一九二五年較一九一一年之工資，在男工工資方面，有百分之四〇四之進步；在女工方面，有百分之四三五的增進。同時，一九二五年之

女工工資，爲男工工資的百分之五十二左右。(註二)

在五金工業方面譬如在機械工業中當一九二三年每小時之工資，最高爲三·九三法郎；最低爲三·一四法郎。至一九二五年，則每小時工資最高爲四·五〇法郎，最低亦有三·五一法郎；故較前爲進步。在汽車工業中亦然。當一九二三年，每小時工資最多者爲三·六四法郎；最少者爲三·〇八法郎。及至一九二五年，則最多者有四·三三法郎；最少者亦有三·六二法郎。在電機工業中亦有同樣傾向。當一九二三年，每小時工資之最多者爲三·一八法郎；最少者不過二·九九法郎。但至一九二五年，每小時工資之最多者有三·六七法郎；最少者亦有三·三四法郎。在製鐵工業中亦有同一的趨勢。一九二三年每小時之最多的酬勞爲三·七〇法郎；最少爲三·二六法郎。但至一九二五年，則每小時工資之最多者有四·五七法郎；最少者亦有三·六五法郎。在製鋼工業中亦然。當一九二三年每小時工資之最多者爲三·九六法郎；最少者爲二·〇一法郎。至一九二五年，則每小時工資之最多者爲四·三三法郎；最少者亦有二·四九法郎。

同時在礦業中亦有同一傾向，如一九二五年之礦穴內工作的工人的工資，使較一九一三年

之工資增進百分之三三〇。在礦坑外面工作之工人的工資，在同一時候，亦即增加了百分之三四七。(註三)

至關於各商店所雇用人員之工資，其在巴黎者，亦有如下統計可供研究。(註四)

工作別	一九一四年(單位法郎以月計算)	一九二五年(同上)
男售貨員	三五〇—四五〇(最多)	一、〇〇〇—一、二〇〇(最多)
	三〇〇—三五〇(中間)	八五〇—九五〇(中間)
	一七五—二八五(最少)	七〇〇—八〇〇(最少)
女售貨員	三〇〇—三五三(最多)	八〇〇—八五〇(最多)
	二〇〇—二四〇(中間)	七〇〇—七五〇(中間)
	一五〇—一八五(最少)	五五〇—六五〇(最少)
司賬	三一〇—四五〇(最多)	一、二〇〇—一、五〇〇(最多)
	二五〇—三〇〇(中間)	九五〇—一、〇〇〇(中間)
	一九五—二二五(最少)	七五〇—八五〇(最少)

男寫字員	三〇〇—三五〇(最多)	九五〇—一、二〇〇(最多)
	二二五—二七五(中間)	七五〇—八五〇(中間)
	一七五—一九五(最少)	六〇〇—七〇〇(最少)
女寫字員	二五〇—二七五(最多)	八〇〇—九三五(最多)
	一九五—二二五(中間)	六二五—六七五(中間)
	一二五—一七五(最少)	五二五—五七五(最少)

據上列統計，可知當一九二五年之商店雇員工資，較戰前一九一四年之工資亦有甚多的增加。譬如在男售貨員之工資上，其增加率爲百分之一八〇；在女售貨員方面，其增加率爲百分之二三〇；在司賬人員方面，增加率爲百分之二六〇；在男寫字員方面增加率爲百分之二二五；同時在女寫字員方面，其增加率爲百分之二一〇。

以上所述，爲戰後十年間之法國一般工作者之收入狀況。以下，我們再從當時之一切生活必需品的價格方面去加以分析。

當大戰之後十年間，法國一般生活必需品的價格飛漲。根據我們在上面的研究，說是當時的工資比較大戰以前提高了好幾倍，但是，當時之必需品價格的升高程度，較之工資之提高程度，還要大些；所以，一般工資領取者的實際收入，是較戰前減少了的。至於生活必需品價格之所以高漲如是者，主要的原因爲：

（1）世界戰爭對於生產機關的破壞；

（2）耕種穀物之土地面積縮小，畜牧之牛羊頭數減少，及開採之煤量減少；故對於糧食、肉類、燃料等物之供給不足；

（3）卡特兒與托拉斯等實業集中化的組織逐漸普遍起來，故對於各種食品方面的價格亦受着此等大組織的操縱；

（4）投機商人等對於殖民地所供給的糧食、素油、白糖等商品之操縱及壟斷；

（5）消耗稅率之增加；

（6）法郎之貶價（因通貨膨脹之結果，法郎價值減至戰前之十分之一左右）。

現在，我們就從法國國家統計公報中去觀察當時的一般生活必需品的價格統計。

以下所列統計表爲一個四口之家每年所消費之十三種的生活必需品（爲麵包、肉類、豬油、奶油、蛋、牛乳、乳餅、馬鈴薯、青豆、糖、素油、火酒及煤油）的支出統計（單位法郎）。

年度	支出數額	指數（以一九一四年之指數爲一〇〇）
一九一四（七月）	一〇、七五	
一九一五（七月）	一、二八八	一二二
一九一六（七月）	一、三八七	一三二
一九一七（七月）	一、九七一	一八三
一九一八（七月）	二、二一〇	二〇六
一九一九（七月）	二、八一一	二六一
一九二〇（七月）	四、〇〇六	三七三
一九二一（七月）	三、二九二	三〇六
一九二二（八月）	三、一〇六	二八九

一九二三（七月）	三、四〇六	三二一
一九二四（八月）		三六六
一九二五（八月）		四二三
一九二六（七月）		五七四

據上列統計，則知戰後自一九一九年起直至一九二六年七月止，一般生活必需品價格，逐年增高，至一九二六年七月之指數，竟為五七四，這就表示當時之物價較一九一四年之價格增加了幾乎六倍。但是，一般工人工資之收入的增加，卻沒有這麼的多。由此可見當時工人的生活如何了。

除食物及燃料外，尚有衣服、傢具、肥皂等物亦為日常生活上所不可少者；關於衣服所需各生產物之價格，有如下列統計（單位法郎）。

物品	一九一三年	一九二三年	一九二四年
紗布（每公尺）	一·三二	五·〇〇	六·二九

棉　布（每公尺）	○·四六	二·五○	三·五○
染色棉布（每公尺）	○·九三	七·○○	七·四四
毛織物（每公尺）	一·五三	八·○○	八·六五

上表所列各物之價格自一九一三年至一九二四年，其漲價百分率高至百分之七○○；最低亦有百分之三七六的升漲。

至關於家庭所用器具及雜物之價格統計，則有如下列表格（單位法郎）。

物品	一九一三年	一九二三年	一九二四年
床	三二	八二	一○八·
桌	一三	四○·五○	四○·五○
床氈	一八·○九	七二·五○	八九·七○
玻璃杯	·一○	·六○	·六五
菜盤	·二一	·八四	·八五
刷子	·七○	二·六六	二·九五

黑肥皂（公斤）	·三五	一·六五	一·九九
白肥皂（公斤）	·五三	一·九〇	二·五八

依上列統計觀察，知家庭所用之肥皂價格，自一九一三年至一九二四年，增加了百分之四〇〇至百分之五〇〇之間。至關於其牠各物，如牀、桌等則其價格之增加率，爲百分之二一一至百分之五五〇。

根據法國國會所組織的關於物價及生活程度之調查委員會的統計（註五），則一九二六年春季之物價指數與一九一四年之物價指數的比例（以一九一四年之指數爲一〇〇），有如下表。

城市	食物	燃料與燈亮	居住	衣服	雜項	總計
布凡 (Beauvais)	四四四	三一〇	三〇〇	五七七	三六七	四三四
南錫	四五九	四二七	二三三	五四三	三九三	四二九
爾必納 (Epinal)	四五九	三三七	三二五	三六九	二五九	三九四
第容	五四一	四八一	二一二	五二六	四九三	四九三

木覽(Moulins)	五二六	五一六	三一〇	四〇〇	五〇八	四六九
里昂	四四五	三一三	二二三	三七九	四四八	三九二
聖得田	六〇四	四五三	二一七	三五八	四〇五	四六〇
勃里伐(Privas)	五五三	四一一	三〇〇	四五三	四一七	四八七
格勒諾白	四八九	三九〇	三〇〇	五九〇	四〇〇	四八四
馬賽	五二二	四六一	二八一	五四一	四七一	四八八
博都	五一九	五三三	二三一	五四六	四三九	四六〇
安古勒姆(Angoulême)	四三六	五〇〇	三二〇	五〇〇	三〇〇	四三四
安結爾(Angers)	五二二	四六八	三五〇	四一五	三五〇	四六二
勒曼斯	五五四	四〇三	二一七	四二七	四二六	四四九
拉伐爾(Laval)	五三六	七〇六	二六〇	五七三	三〇九	五〇八
魯昂	四六八	四六九	二六〇	四八〇	五一五	四五四

據上列統計，可知一九二六年之食物及衣服方面所必需支出的費用，當較一九一四年者爲

四倍或五倍之多，在有些城市中甚或至於六倍；在燃料方面，一九二六年之價格較一九一四年者比較，有種地方爲三倍，斯爲最低者，在有些地方，竟漲至七倍；至在租金方面，增漲的程度較輕，但亦有二倍、三倍、及三倍半之增加。至於從各項支出總數去計算，則當一九二六年之生活費較一九一四年之生活費，爲四倍以上之增加。

在此種情形下，譬如巴黎的泥水工人，當一九一三年時，以其一日之所得，可以購得麪包二十一公斤；或小牛肉三千九百公分；或白糖十一公斤半。但是到了一九二五年時候，他所得的工資雖然增加了，可是此時他卻只能買得麪包一八·七五〇公斤或二千六百公分的小牛肉或九公斤的白糖了。

又如當一九一三年時，巴黎之漆工只須工作八天所得的代價便可購得衣服一身；但至一九二五年時，要買一套衣服就必須工作十三天了。

又如車金屬的勞動者，在戰前工作二天，便可以二天的收入購皮鞋一雙；但至一九二五年時，二天的收入不够了，必須二天以上之工作酬勞，方能購買一雙皮鞋。

在巴黎如此，在法國其他各地也有這相同的現象。譬如在尼斯，當一九一一年，包飯每月所需，爲工人十五日之工資，但至一九二四年則必須二十日之工資。在第容，一九一一年之包飯，須工人十六日的工資；至一九二四年則必須十七日之工資。在魯昂，戰前工人包飯費用，須十日工資收入；一九二四年則須十四日之工資。在馬賽之包飯，以前需十三日的工資；一九二四年則須十五日的工資。在南錫亦然，一九一一年須十三日的工資去包飯的，一九二四年便須十五日的工資了。在亞珉也是如此，一九一一年包飯一月，須工人工作十三日的收入；一九二四年之包飯費用，則非有十八日之工資不可了。

以上所述，卽爲大戰結束後十年中之法國社會經濟生活的實況之分析。

（二）世界經濟恐慌爆發以來之法國社會經濟

自從一九二九年的世界經濟恐慌爆發以來，世界各國莫不受着打擊；不過法國所受的影響，比較英、美、德諸國來得遲一點罷了。自從一九二八年六月法國固定金本位後，其國內農工業之受戰爭之破壞者，皆漸次恢復舊觀，嗣後且更形發展。故當時國內物價，隨社會經濟之發達而增高。同時，法國農工業之復興，或以財政救濟，或利用賠款以助產業發達，而農工業方面之設備，較之英、美，又未作過度的合理化，以增重固定資本的數額，因之，當世界經濟恐慌爆發時，英、美、德等實業發達國家之經濟狀況漸呈衰落之象，而法國之農工業卻仍能暫時地繼續着發展。

當大戰之前，法國在國外本有十八億磅之投資，僅次於英國之四十億磅。在戰爭期間，法國曾收回一部分，但當法郎跌價之際，又復逃赴英、美。及幣制穩定後又復走回法國。美國發生證券投機熱時，又多匯赴美國，嗣後又復收回。不過，法國資金之流出外國時，多爲匯兌，而自英、美收回時，則多輸現金，故法蘭西銀行之金準備增多，其爲量僅次於美國。

至於法國之海外貿易，因法郎匯價比之英、美爲低，故居於有利地位，得以推銷其對外輸出，從此獲得不少利益。故自美國證券風潮發生之後，世界各國均受恐慌的影響，法國當然不是例外；可是，她所受的影響是比較的緩和一點的，沒有英、美等國所感受到的那麼厲害。同時，因爲法國之幣制穩定，實業發達，國內物價沒有如他國那樣的降落，所以輸入也就逐年增加。計一九二八年爲二十億法郎；一九二九年爲八十億法郎；一九三○年爲九十五億法郎；一九三一年爲一百二十億法郎。輸入如此之逐年增加，若在他國必然發生破綻，但在法國，則一時尙不致於如此。故法國除對於幾種與本國實業發展有衝突之貨物提高關稅外，對於其牠商品，仍任之多量輸入。可是輸入如此之繼續增加，究與法國實業以某種程度上的打擊，以是在一九三○年十一月失業人數不過一萬人，一九三一年三月即增至五萬人，十一月增至八萬人，一九三二年三月更增至三十萬人；不過，在一九三二年以前，法國因在各實業中雇用得有外國工人，故尙可辭退外國工人以謀解決本國工人之失業問題。（註六）

自一九三二年以來，法國在其各部門之生產業中，也逐漸感覺到恐慌之嚴重了。譬如在農業生產上，爲其主要農產物之糧食與葡萄酒，即發生『生產過剩』的恐慌。當一年之前，法國穀物每百磅售價一百五十法郎者，一九三三年雖實行了穀物貯藏政策，但每百磅穀物卻只能售得八十法郎。據估計法國之穀物生產者，在此恐慌的打擊之下，他們所受的損失，便達三十億或四十億法郎之多。

在葡萄酒之生產方面，一九三一年法國政府曾頒布法令，實行減少葡萄種植和禁止新的葡萄種植；但此種法令，仍然不能解決葡萄酒方面之「生產過剩」的恐慌。因爲，法國市場上對於葡萄酒的需要，約爲六十億公升，而此一數量的葡萄酒，在法國本土的生產，差不多就可以供給了；可是，法國之北非洲屬地每年亦有二十億公升之葡萄酒的生產供給，以致在消費者之購買力減低的時候，法國在葡萄酒的生產上，也就不免陷入恐慌。

在法國之工業與對外貿易方面，亦和農業一般地終於不能避免世界經濟恐慌的打擊。而且，在其輕工業方面，自從恐慌爆發以來，就受了相當的不利影響；重工業方面所受到的影響雖然較遲，但其遭遇危機之期間必然較久。下列二表格便足表示法國在工業及外貿方面當經濟恐慌時候所受到的影響。

（1）法國工業生產總指數及工業品出口總指數表（以一九二九年之指數爲一〇〇）

年度	工業生產總指數	工業品出口總指數
一九三〇	一〇〇·七	八五·八

一九三一	八九·二	七三·四
一九三二	六九·一	五六·二
一九三三	七七·○	五七·四
一九三四	七一·二	五七·四

據上列簡表中，不難看出法國工業生產自從世界經濟恐慌爆發以來之退步及工業品輸出之低少的情形。

(2)法國輸出品價值統計表（單位百萬法郎）

年度	一九一三	一九二九	一九三三	一九三四
法國輸出總額	三四、四○一·一	五○、一三九·二	一八、四七三·八	一七、八二一·六
紡織物輸出	六、三五二·五	一○、七○八·三	三、○九二·三	二、六七二·三
所佔出口百分比	一八·二	二一·四	一六·八	一五·○
與一九一三年比較	一○○	一七一·三	四九·五	四二·七

奢侈品輸出	一、三六七·三	九四一·三	二八一·三	二三二·四
所佔百分比	四·〇	一·九	一·五	一·三
與一九一三年比較	一〇〇	六八·八	二〇·六	一七·〇
時裝品輸出	二、一七四·三	二、五九一·五	三一四·三	二六〇·七
所佔百分比	六·三	五·二	一·七	一·五
與一九一三年比較	一〇〇	一一九·二	一四·五	一二·〇
金屬品輸出	一、四一三·五	三、六九四·八	一、七一一·五	二、〇六七·七
所佔百分比	四·一	七·四	九·三	一一·六
與一九一三年比較	一〇〇	二六一·四	一二一·〇	一四六·三
化學工業品輸出	一、七五五·一	三、四六二·八	一、七六一·九	一、六五〇·五
所佔百分比	五·〇	六·九	九·六	九·三
與一九一三年比較	一〇〇	一九七·三	一〇〇·四	九四·〇
機械工業品輸出	二、六六二·〇	六、三二八·四	二、四九三·六	二、三五七·〇

所佔百分比	七·七	一二·六	一三·五	一三·二
與一九一三年比較	一〇〇	二三七·七	九三·六	八八·五

據上表，可知法國之輕工業生產物、在其工業輸出品中所佔之百分率較以前減少，而重工業生產物在工業輸出品中所佔之百分率則較以前增多，同時輕工業生產物受世界經濟恐慌的打擊較早，重工業生產物所受之打擊則在一九三一年之後。輕工業生產物之所以受打擊者，當然是由於經濟危機時期中一般人民之購買力的薄弱，因而從事於儉約，同時各國對奢侈品的入口加以限制，並以貨幣貶值的政策來參與競爭的緣故。至於法國重工業生產所受打擊之所以較遲者，則因法國重工業生產物之主要市場爲其自己國內，故國外市場的危機，對於法國之重工業只能起一種次要的作用，所以法國在重工業方面的危機得以延緩。但是，一等到法國重工業因『復興工作』停止要求而轉向國外市場去擴張其勢力時，同時國際市場正因受恐慌打擊而日益縮小範圍，於是法國的重工業也就不能避免如其他各國之重工業所受到的打擊。

若自法國之商品輸出總額中去觀察，則知一九三三年及一九三四年間之輸出數量，較之一九二九年者大爲減退，退步了百分之六十左右。可是，輸出貿易固然是衰落了，而輸入數額，卻反而激增起來。在國際市場上，就出口貿易方面說，法國佔第四位。但其輸入的比重，卻佔着世界的第二位（一九三三年之輸入量，僅次於英國）。於是，便造成近年來法國在國際收支上的不平衡，以致支出迭增。數年之中，法國便從八十億八千六百萬法郎之國際收支贏餘，變爲二十九億五千萬法郎的虧欠。在此對外貿易之不利的情形之下，法國社會經濟的危機，當益增其嚴重性。

於是，爲謀解決其所身受之經濟恐慌，法國也和其他工業發達國一樣，而目光轉注到對殖民地的貿易；這從法國在對外貿易下降的數年中，其與殖民地間的貿易不但未曾減少，反有逐漸增漲的形勢上，特別是法國殖民地在法國對外輸出中的地位表現劇烈的增加之形勢上，可以看出的。當一九二九年時，殖民地在法國對外輸出中的比重，僅佔有百分之十八。至一九三四年，則升至百分之三十。同時，一般祖國與其殖民地間的一切交易，當然不是公平的。由法國輸入其殖民地的商品，因其政治上的特權，可使法國商品得獨佔市場，故能維持着相當的高價。同時，由殖民地輸向法國的商品，則爲低廉的價格。由此等交易上，法國故可獲相當的利益，並以謀補償其於經濟危機上所受的損失，但是在此種情形下，一般殖民地人民的負擔便更沉重了。今將近數年間法國與其殖民地間的貿易統計表摘錄於下，以供參考（單位一千法郎）。

年度	一九三二	一九三三	一九三四
全部食品輸入	一、〇九七九·二	九、六〇〇·四	七、四五一·〇
其中自殖民地入口者	五、三五一·二	五、七三一·九	四、五九五·七
所佔百分比	四八·七	五九·七	六三·〇
全部原料輸入	一三二二二·三	一、三七九四·八	一一、三七二·七
其中自殖民地入口者	七七一·二	八七一·三	一、〇二八·三
所佔百分比	五·八	六·三	九·〇
全部工業品輸出	一二、二三一·七	一一、一七七·四	一〇、一〇六·六
輸入殖民地者	四、一七九·一	四、一四二·六	三、七六四·四
所佔百分比	三四·二	三九·七	三七·二

據上表，可知不論在食品的輸入，原料品的輸入，或工業品的輸出的各方面，法國對其殖民地

之貿易，在其對外貿易總額中所佔的百分比，當經濟恐慌爆發後，總是逐年在增加的。在食料品之輸入貿易中，殖民地貿易由一九三二年之百分之四八·七升至一九三四年之百分之六三。在原料品之輸入貿易中，與殖民地之貿易也由一九三二年之百分之五·八升至一九三四年之百分之九。而在工業品之輸出貿易中，對殖民地之貿易亦自一九三二年之百分之三四·二升至一九三四年之百分之三七·二。（註七）

此外，當一九三三年在倫敦所開幕之世界經濟會議流產後，法國與意、比、荷、瑞士及波蘭等國爲對抗英美起見，遂於當年之七月八日，在巴黎發表了共同的宣言，以期金本位制的確保，而形成了所謂的金本位集團。

法國之所以欲維持其金本位者，乃因一般人民不欲再嘗試大戰以來通貨膨脹之苦杯的原故。但是法國維持金本位的結果，是使她對外因匯價昂貴貿易萎縮；對內則因通貨收縮，物價跌落，以致生產不振，失業增加；這又促使財政上的收入減少，支出增多，而赤字公債逐年增加。在這各方面的情形，都有統計的數字爲證。（註八）

先看法國近年來的輸出入統計（單位舊美金百萬元）

年度	輸入	輸出
一九三二	一、一七〇・九	七七四・〇
一九三三	一、二四四・五	七二四・二
一九三四	九〇五・四	六九九・七
一九三五	八二〇・六	六〇六・二

再看近年來法國物價指數表（以一九二九年爲一〇〇）

年度	指數
一九三二	六八・二
一九三三	六三・六
一九三四	六〇・〇
一九三五	五四・〇

再看近年來法國生活費指數表（以一九二九年爲一〇〇）

年度	指數
一九三二	九四・六
一九三三	九三・五
一九三四	九二・八
一九三五	八六・九

再看近年來法國之生產指數與失業指數表（以一九二九年爲一〇〇）

年度	生產指數	失業指數
一九三二	六八・八	二七三・四一二
一九三三	七六・七	二七六・〇三三
一九三四	七一・〇	三四五・〇三三
一九三五	六七・四	四二六・八七九

再看近年來法國財政上之歲入及歲出統計表（單位百萬法郎）（註九）

年度	歲入	歲出
一九三二	四一、一〇〇	四一、〇九七
一九三三	四九、六四五	五〇、四八六
一九三四	四八、二八一	五〇、一六二
一九三五	四六、九九一	四七、八一七

統觀上列各項統計，可知法國在一九三六年以前雖然勉強保持住其本國的金本位制，但是她在貿易上，實業上，及財政上就不免吃了大虧。一九三六年六月前，法國國內資金逃避的傾向，且日益顯著。一九三五年三月，法國金準備尚爲八百二十六億三千五百萬法郎，可是到了一九三六年六月，即減至五百四十五億六千二百萬法郎；一年零三個月中間，法國黃金竟流出了二百八十億七千三百萬法郎之巨數。但是，法蘭西銀行之法定最低金準備率爲百分之三十五。通例，要維持

金本位，其金準備率至少要有一成以上的餘裕纔行。故法國欲維持金本位，至少要有其鈔幣發行額之百分之四十五以上的黃金。一九三六年六月，法國所發行之鈔幣數額共爲八百五十一億一千三百萬法郎，故五百四十五億六千二百萬法郎之現金準備，尚足此數。可是在此所有之現金數額中，法國又須提出四十億法郎之現金，作爲對英信用準備之用。於是，法國在當時之發行準備，已迫近於百分之四十五以下了。

在此種金融之極度危機的環境中，法國現今把握政權的「人民陣線」的內閣，爲謀刺激物價，開發國內市場，阻止資金外流，減少入超，發展出口貿易，以及攫取國內資金使之統制於政府以對付金融巨頭之勢力起見，遂於一九三六年九月二十五日正式宣布了法郎貶値的政策。

此法國新貨幣政策之簡要內容，如九月二十九日哈瓦斯電所傳者，則有如下諸條：

第一條　一九二八年六月二十五日貨幣法，即規定法郎含金重量者（九成金〇·〇六五五公分），予以廢止。

第二條　法郎今後金成色，應由政府以命令規定之；含金重量不得少於〇·〇四三公分，亦不得多於〇·〇四九公分。

第三條　設立匯兌平準基金。

第四條　政府前於本月二十五日與法蘭西銀行所訂立之協定，卽關於重行估定該行存金之價值者，予以核准。

第五條　法蘭西銀行所存外幣價值亦重行估定之。

第六條　國際上各種支付款項，凡在新貨幣實行之前曾經訂明須用金幣償付者，不受本法之拘束。

第七條　各屬地發行銀行，所存金貨與外幣，其價值亦應重行估定之。

第八條　關於金貨之交易，非經法蘭西銀行特許，不得經營之。

第九條　各種商業債款，凡按黃金或外幣計算者，一律暫緩償付。

第十條　民間所有金幣金塊，一律收歸國有。

第十一條　凡違反第十條之規定者，應予以處罰。

第十二條　各項處罰辦法。

第十三條　外幣交易，不論期貨現貨凡在九月二十至二十六之間成交者，其確實數目應向財政部呈報。

第十四條及第十五條　國會授權政府，或則禁止故意高擡物價，或則運用其他方法以維持法郎在國內之購買力，而免薪給階級多所損失。

第十六條　退伍軍人之恩給金，應予以增加。

第十七條　各項增加恩給金的辦法。

第十八條　年老退休者所享權利應予以保障。

第十九至第二十一條　各項保障之辦法。

第二十二條　購買最近發行之小額國庫劵者，應予以補償。

第二十三條　關於養老金之法律，應予以修改，務令其簡單化。

第二十四條　各項原料食品之進口稅，遇必要時應予以調整。

第二十五條　政府應以三、〇〇〇、〇〇〇、〇〇〇法郎，貸與法國地產信託公司，俾得減低押款利息。

綜觀上列各條款，則知此次法國新貨幣法案通過後，法郎價值已較前貶低百分之二十五至百分之三十四之間；同時因貶低貨幣價值之有損於薪給階級，故有第十四及第十五條之規定以防止物價之上騰及保證法郎在國內之購買力，適可說是人民陣線政權之關顧勞工生活的表示，而與他種政權進行貨幣貶值時之措施不同者。

（註一）見法國國家統計公報，一九二六年一月份。
（註二）同上，
（註三）見法國國家統計公報，一九二六年四月份。
（註四）見 Le Peuple, 23-24 Décembre, 1925.
（註五）此會組織於一九二〇年二月，見保羅·路易前揭書之三九〇—三九一頁。
（註六）參閱時事月報八卷六期世界經濟會議開幕前之列國經濟狀況一文（胡善恆）
（註七）參閱法國國際貿易之現狀及其趨勢一文（蕭月宸）見新中華三卷，十九期。

敬啟

『民國專題史』叢書，乃民國時期出版的著名學者、專家在某一專題領域的學術成果。所收圖書絶大部分著作權已進入公有領域，但仍有極少圖書著作權還在保護期内，需按相關要求支付著作權人或繼承人報酬。因未能全部聯系到相關著作權人，請見到此説明者及時與河南人民出版社聯系。

聯系人 楊光
聯系電話 0371–65788063
2016年3月28日